はじめに

すべての学力の基礎「言語（ことば）」の力を身につける。

子どもの学力向上は、学校・家庭で関心の高い話題です。

「学力」と一言でいっても、具体的に何を指すのかはっきりしないと感じられるかもしれません。しかし、その中核に間違いなくあるものは、「言語（ことば）」の力です。

「話す・聞く」「読む」「書く」の力も、「思考」「判断」する力も、言語の力が必要になります。

つまり、言語はすべての学力の基礎となっているのです。

本書は、「言語（ことば）」の力をつけるプリントです。その言語の中でも、「語彙」と「文法」について力がつくよう編集しました。また一冊に二学年分を収録していますので、自学年の学習に取り組んだ後、別の学年にも取り組めます。ぜひ他の学年にも取り組んでください。系統的に取り組んでこそ、学習の効果は上がるからです。

言語の習得は、毎日少しずつすることで身につきます。本書を使って「集中して」「短時間で」「持続的に」取り組み、「言語（ことば）」の力をつける手助けになれば幸いです。

もくじ

3年生

4年生

かたかなのきまり １

月　日
名前

かたかなで表すことば

１　鳴き声・さけび声・音などを表すことば…ワンワン・ギャー・ガチャン
２　外国からきた品物・動物・植物の名前…テレビ・ライオン・パンジー
３　外国の国名・地名・人名…………アメリカ・パリ・エジソン

1　かたかなで表していることばの中で、正しいものに○をつけましょう。

①（　）フォーク　②（　）ハシ　③（　）エンピツ
④（　）ペン　⑤（　）センベイ　⑥（　）クッキー
⑦（　）ツクエ　⑧（　）テーブル　⑨（　）チューリップ
⑩（　）ハナ　⑪（　）ドスン　⑫（　）チュンチュン

2　［　］のことばを①～④のグループに分けて書きましょう。

①　声や音
②　外国からきた品物や食べ物
③　外国からきた動物・植物
④　外国の国名・地名・人名

- カメラ
- コスモス
- コーヒー
- チョーク
- ピーピー
- ハワイ
- クッキー
- ポロロン
- フランス
- ラクダ
- ヒヤシンス
- カンガルー
- ピカソ
- エジソン

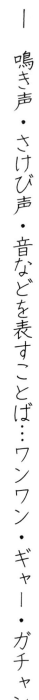

かたかなのきまり 2

月　日　名前

1 かたかなで表す方がよいことばをえらんで、下の□にかたかなで書きましょう。

・ばす　・すし　・つくし

・ぴざ　・ごはん　・べる

・くつ　・ぽすと　・さくら

・ごりら　・うどん　・すきい

・ぱりん　・たまご　・みそ

・さあかす　・にっぽん

・でんしゃ　・ろけっと

2 ひらがなとかたかなの表し方のうち、正しい方を◯でかこみましょう。

① 六年生が｛じてんしゃ／ジテンシャ｝で｛すいすい／スイスイ｝走っていきました。

② 雨が｛ざあざあ／ザーザー｝ふって、あわてて｛かさ／カサ｝をさしました。

③ 動物園には｛こあら／コアラ｝や｛らいおん／ライオン｝がいます。

④ このあたりは、｛まんしょん／マンション｝が｛どんどん／ドンドン｝ふえてきました。

送りがな 一

月　日

名前

漢字をなぞり書きし、送りがなを書きましょう。

① あう → 合
② かえる → 帰
③ たすける → 助
④ おしえる → 教
⑤ おりる → 下
⑥ たべる → 食
⑦ むかう → 向
⑧ おきる → 起
⑨ うえる → 植
⑩ したしい → 親
⑪ まわる → 回
⑫ つかう → 使
⑬ とまる → 止
⑭ はじまる → 始
⑮ うまれる → 生
⑯ そそぐ → 注
⑰ ばける → 化
⑱ うつす → 写
⑲ すくない → 少
⑳ はれる → 晴

送りがな 2

月　日

名前

漢字をなぞり書きし、送りがなを書きましょう。

① きめる ↓ 決

② みのる ↓ 実

③ ころぶ ↓ 転

④ あたる ↓ 当

⑤ かんがえる ↓ 考

⑥ こたえる ↓ 答

⑦ なげる ↓ 投

⑧ かなしい ↓ 悲

⑨ はいる ↓ 入

⑩ あかるい ↓ 明

⑪ もちいる ↓ 用

⑫ おちる ↓ 落

⑬ たてる ↓ 立

⑭ はなす ↓ 話

⑮ ながれる ↓ 流

⑯ のぼる ↓ 登

⑰ うつくしい ↓ 美

⑱ くるしい ↓ 苦

⑲ わける ↓ 分

⑳ たのしい ↓ 楽

送りがな 3

月　日

名前

送りがなの正しい方に○をつけましょう。

① ㋐（　）新しい　㋑（　）新らしい

② ㋐（　）曲がる　㋑（　）曲る

③ ㋐（　）交わる　㋑（　）交る

④ ㋐（　）拾ろう　㋑（　）拾う

⑤ ㋐（　）集る　㋑（　）集まる

⑥ ㋐（　）表わす　㋑（　）表す

⑦ ㋐（　）短かい　㋑（　）短い

⑧ ㋐（　）終わる　㋑（　）終る

⑨ ㋐（　）聞こえる　㋑（　）聞える

⑩ ㋐（　）化ける　㋑（　）化る

⑪ ㋐（　）記す　㋑（　）記るす

⑫ ㋐（　）外ずれる　㋑（　）外れる

送りがな 4

月　日

名前

送りがなの正しい方に○をつけましょう。

① ㋐（　）遊ぶ　㋑（　）遊そぶ

② ㋐（　）配ばる　㋑（　）配る

③ ㋐（　）代り　㋑（　）代わり

④ ㋐（　）幸せ　㋑（　）幸わせ

⑤ ㋐（　）定める　㋑（　）定る

⑥ ㋐（　）重ねる　㋑（　）重さねる

⑦ ㋐（　）習う　㋑（　）習らう

⑧ ㋐（　）仕える　㋑（　）仕る

⑨ ㋐（　）等しい　㋑（　）等い

⑩ ㋐（　）整のえる　㋑（　）整える

⑪ ㋐（　）明かり　㋑（　）明り

⑫ ㋐（　）全て　㋑（　）全べて

「」。、のつけ方ー

月　日

名前

1 「。」（く点）は文の終わりに使います。次の文をなぞって、「。」を書きましょう。

① 三年三組が走る番だ。

② 夜店で金魚すくいをしました

③ ぼくは九才。君は何才ですか

2 「、」（読点《とうてん》）は、文のくぎりに使います。次の文をなぞって、「、」と「。」を書きましょう。

① あす、友だちと遊びます。

② わたしは山下由美です

③ 雪がふり始めたので寒くなる

④ たてと横の長さが等しい四角形を正方形といいます

3 次の文に「、」と「。」をつけて、書き直しましょう。

① 宿題が終わったら外で遊びましょう（、と。一つずつ）

② つまりかめばかむほど体によいのです（、を二つと。が一つ）

「」。、のつけ方 2

月　日
名前

1 次の文をなぞり、「　」と「、」と「。」を書きましょう。

① 「おーい、そこはあぶないよ。」

② 「プレゼント、ありがとう。」と、母がうれしそうにわらった。

③ 　田村さん　後で来てね　と　先生によびかけられました

④ 　なんと　犬のペロが　話しは　じめたのです　るみちゃん　悲しそうだね

⑤ 　へえ　こんなに多くの形をし　た葉っぱがあるんだ　と　とても感心した

2 次の文に、「　」と「、」と「。」をつけて、書き直しましょう。

母がぼくをよぶ声がしたお母さんよんだと聞いたらおつかいをたのまれた

同じ音のことば

月　日

名前

次の漢字の正しい方を○でかこみましょう。

① 学級｛委員・医院｝

② ｛皮・川｝の水

③ 新聞｛汽車・記者｝

④ ｛植物・食物｝園に出かけた

⑤ ｛太陽・大洋｝の光

⑥ ｛丸・円｝い薬

⑦ ｛火事・家事｝でもえる

⑧ 二｛回・階｝へ上がる

⑨ 十｛門・問｝テスト

⑩ 答えを｛会・合｝わせる

組み合わせたことば ー

月　日

名前

二つのことばを組み合わせたことばを書きましょう。
（ひらがなのことばは、ひらがなで書きましょう。）

① 食べる ＋ 始める → 食べ始める

② 指す ＋ しめす →

③ できる ＋ あがる →

④ まぜる ＋ あわせる →

⑤ 見る ＋ 上げる →

⑥ 流れる ＋ 星 → 流れ星

⑦ やく ＋ そば →

⑧ 細い ＋ 道 →

⑨ かぜ ＋ くるま →

⑩ むね ＋ ひれ →

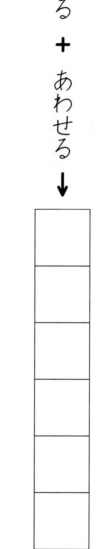

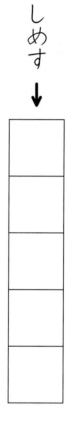

組み合わせたことば　2

月　日
名前

1 二つのことばを組み合わせたことばを書きましょう。

① 山＋登る → □□□

② 日＋てる → □□□

③ 雨＋ふる → □□□

④ 青い＋白い → □□□

⑤ うすい＋くらい → □□□□□

2 組み合わせたことばのもとのことばを書きましょう。

れい　もちつき → もち＋つく

① 木《こ》かげ → □＋□□

② うきぶくろ → □□＋□□□

③ 兄弟げんか → □□＋□□□

④ 寒空《さむぞら》 → □□＋□

⑤ 助け合い → □□□＋□□

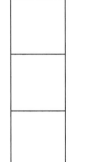

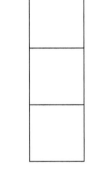

組み合わせたことば 3

月　日
名前

1 二つのことばを組み合わせると、もとのことばと読みが変わるものがあります。次のことばを合わせて読みを書きましょう。

① 小《こ》＋雨《あめ》（　）

② 酒《さけ》＋屋《や》（　）

③ 旅《りょ》＋客《きゃく》（　）

④ 雨《あめ》＋戸《と》（　）

2 同じことばを重ねて語感を強めることばがあります。次のことばを重ねて書きましょう。①～④は読みも書きましょう。

① 山（深い○○のつらなり）（　）

② 赤（たき火が○○ともえる）（　）

③ 切（○○とうったえる）（　）

④ 青（○○とした海が広がる）（　）

⑤ なく（○○○○ゲームをあきらめた）

⑥ じろ（○○○○見てはいけません）

3 次のことばに合うことばを［　］からえらんで書きましょう。組み合わせたことばを書きましょう。

① 消す ＋ □ → □

② 図書 ＋ □ → □

［ くつ　館　ゴム ］

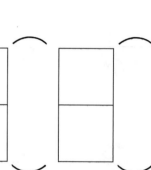

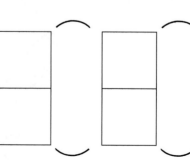

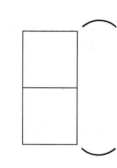

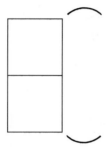

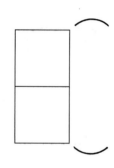

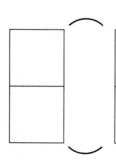

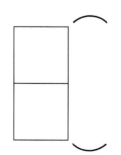

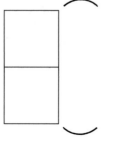

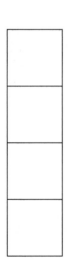

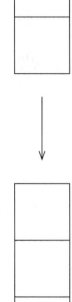

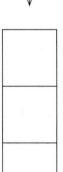

ことばの意味 1

月　日
名前

——のことばは、㋐～㋒のどの意味で使われていますか。( )に○をつけましょう。

① 犬の**頭**をなでる

㋐ (　) 頭のよい子ども
㋑ (　) 頭にできたたんこぶ
㋒ (　) 頭ごなしに言う

② 花火が**上がる**

㋐ (　) ふろから上がる
㋑ (　) 起き上がる
㋒ (　) けむりが上がる

③ **明るい**光

㋐ (　) 明るい心
㋑ (　) 明るい月夜
㋒ (　) 明るい水色

④ ボールを**当てる**

㋐ (　) 太陽の光を当てる
㋑ (　) ひじをつくえの角に当てる
㋒ (　) なぞなぞの答えを当てる

⑤ 山を**下りる**

㋐ (　) 地下室に下りる
㋑ (　) 電車を下りる
㋒ (　) 勝負を下りる

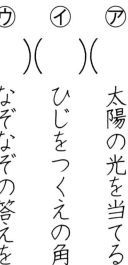

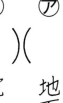

ことばの意味 2

月　日
名前

―のことばは、㋐～㋒どの意味で使われていますか。（　）に○をつけましょう。

① ゲームは高いので買えない

- ㋐（　）場所が高い
- ㋑（　）ねだんが高い
- ㋒（　）音が高い

② 花見にはまだはやい

- ㋐（　）速度がはやい
- ㋑（　）時間がはやい
- ㋒（　）時期がはやい

③ 名前をかいた

- ㋐（　）はじをかいた
- ㋑（　）あせをかいた
- ㋒（　）手紙をかいた

④ 病気が重い

- ㋐（　）物の重さ
- ㋑（　）苦しい
- ㋒（　）ひどいじょうたい

⑤ ひき肉を買う

- ㋐（　）線をひく
- ㋑（　）ピアノをひく
- ㋒（　）コーヒー豆をひく

ことばの意味 3

月　日
名前

1 次の□に合うことばを、[　]からえらんで書きましょう。

① ポチとさん歩に行ったら、□□□□引っぱられた。

② 急によびとめられた妹は、□□□□□した。

③ 野球のボールがとんできたので□□□□よけた。

④ 後で感想が言えるように、□□□□聞きましょう。

⑤ 死んでしまったのか、犬は□□□□動きません。

きょとんと　ぜんぜん　ぐいぐい　しっかり　とっさに

2 次の□に合うことばを、[　]からえらんで書きましょう。

① □□□、ゆっくりと夕日はしずんでいった。

② □□□、ぼくが鳥だったら……と考えた。

③ 力つきたハンスは、□□□□たおれてしまいました。

④ 「□□□□ですが、始めさせていただきます。」

⑤ 「□□□□そうと、先に言ってよ。」

もしも　やがて　それなら　さっそく　とうとう

ことばの意味 4

月　日　名前

1 「持つ」ということばを同じ意味に使っている文を、――でつなぎましょう。

① 荷物を持つ。　・　　・　㋐ 時計を持っている。

② お金を持っていない。　・　　・　㋑ 正しい考えを持つ。

③ ゆめを持つ。　・　　・　㋒ かばんを持つ。

2 「みる」ということばを同じ意味に使っている文を、――でつなぎましょう。

① えい画をみる。　・　　・　㋐ テレビをみる。

② ねつがあるかどうかみる。　・　　・　㋑ 苦手な子の勉強をみる。

③ 子どもの面どうをみる。　・　　・　㋒ 本をみる。

④ 新聞をみる。　・　　・　㋓ 先生の顔色をみる。

⑤ 手相をみる。　・　　・　㋔ 医者にみてもらう。

意味をもつことば 一

月　日

名前

―のことばは、どのような意味ですか。（　）に○をつけましょう。

① 木がおいしげる。
- ㋐（　）えだや葉をさかんにのばす。
- ㋑（　）上へ上へとのびる。
- ㋒（　）横に太くなる。

② 草の下で虫がうごめく。
- ㋐（　）たくさんかたまっている。
- ㋑（　）もぞもぞ動いている。
- ㋒（　）苦しそうにばたばたしている。

③ こわくて立ちすくんだ。
- ㋐（　）立てないですわりこむ。
- ㋑（　）立ったまま動けなくなる。
- ㋒（　）おどろいて立ちかける。

④ 考えをおしつけるな。
- ㋐（　）だれにも相談しないこと。
- ㋑（　）力いっぱいおすこと。
- ㋒（　）むりにさせること。

⑤ 大事なことを見すごす。
- ㋐（　）見てすごす。
- ㋑（　）見ないようにしてすごす。
- ㋒（　）見ているのに気がつかない。

意味をもつことば 2

月　日
名前

——のことばと同じ使い方をしている方に○をつけましょう。

① 日ましに大きくなりました。

㋐（　）日ましにあたたかくなります。
㋑（　）日ましに時がすぎます。

② 何かが光をさえぎりました。

㋐（　）てきが使者の前進をさえぎりました。
㋑（　）小鳥がさかんにさえぎりました。

③ 父はとりあえず病院にかけつけた。

㋐（　）思いきり走ったが、とりあえず電車に乗れなかった。
㋑（　）急に病気になり、とりあえず病院に行った。

④ あたり一面、火の海だ。

㋐（　）あたり一面に草が生えている。
㋑（　）あたり一面が近い。

⑤ 今日はかなりの仕事をした。

㋐（　）かなり足をくじいた。
㋑（　）今日はかなり暑い。

意味をもつことば 3

月　日
名前

太字のことばを使って、文に合うように□に書きましょう。わからないときは、じてんで調べましょう。

(1) **ぬく**

① 「とげがささっていたいので、ぬいてください。」

② 「いい仕事」とは、手を□□ないことだ。

③ 「運動会のリレーでは、二人も□□たよ。」

④ おばあさんはおどろいて、こしを□□した。

⑤ 計算問題で、答えを□□して書いてしまった。

(2) **食う**

① 食うか□□れるかの大勝負だ。

② さいふを落として、あわを□□た。

③ 虫に□□れて、とてもかゆいです。

④ 道にまよって、時間を□って しまった。

⑤ 食うや□□ずのまずしさでした。

意味をもつことば 4

月　日　名前

次のことばを使って短い文を書きましょう。

① 知らん顔（本当は知っていても知らない顔をすること）

② たんこぶをつくる（頭をぶつけたりして、かたくはれること）

③ えりすぐりの（とくにえらんだもののこと）

④ わき目もふらず（ほかに気をとられず、一つのことに集中すること）

⑤ まゆをひそめる（まゆの間にしわをよせて、いやそうな顔をすること）

名前ことば 1

月　日

名前

1 [　]の名前ことばを①～④に分けて書きましょう。

① 人……

② 動物……

③ 植物……

④ 体の部分……

兄さん　かえる　スイカ　左の足　運転手　ラクダ

右の手　トマト　とんぼ　男の子　つくし　せなか

2 [　]の名前ことばを①～④に分けて書きましょう。

① もの……

② 場所……

③ とき……

④ 方角・いち……

ほう石　野球場　南向き　きのう　小学校　コップ

あした　さとう　市役所　きょう　北北東　真正面

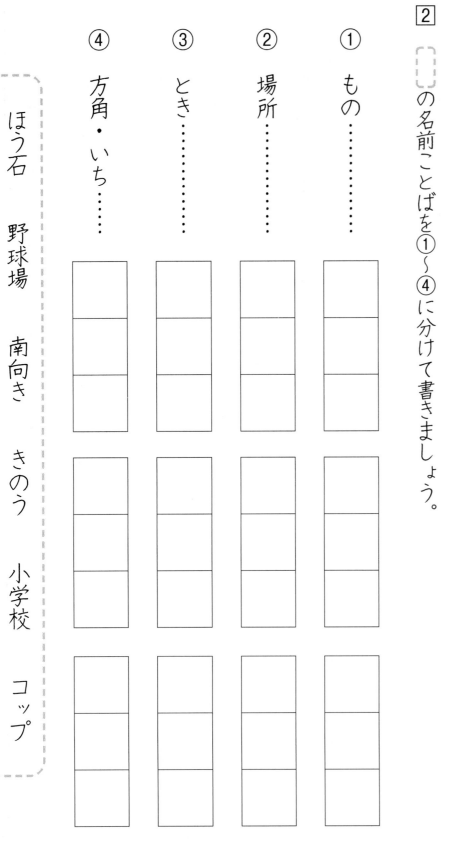

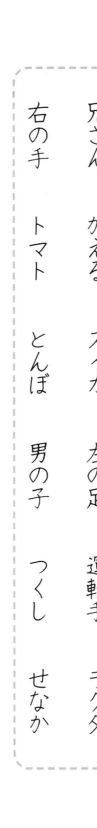

名前ことば 2

月　日　名前

1 [　]の名前ことばを①と②に分けて書きましょう。

① 人や動物などの名前……

② 国や土地などの名前……

木村一男　金たろう　フランス　メアリー
高田馬場　アルプス　ロナルド　東北地方

2 次の□に数を数えるときに使う名前ことばを[　]からえらんで書きましょう。

① 「えんぴつを□かしてください。」

② 「あれ。□が落ちているよ。」

③ 「おねがい。もう□じゃんけんしよう。」

④ スカートは、□も、持っていません。

⑤ 家族みんなの朝食は、ミルク□、トースト□、トマトサラダだよ。

一回　一本　百円　四はい　四まい　一着

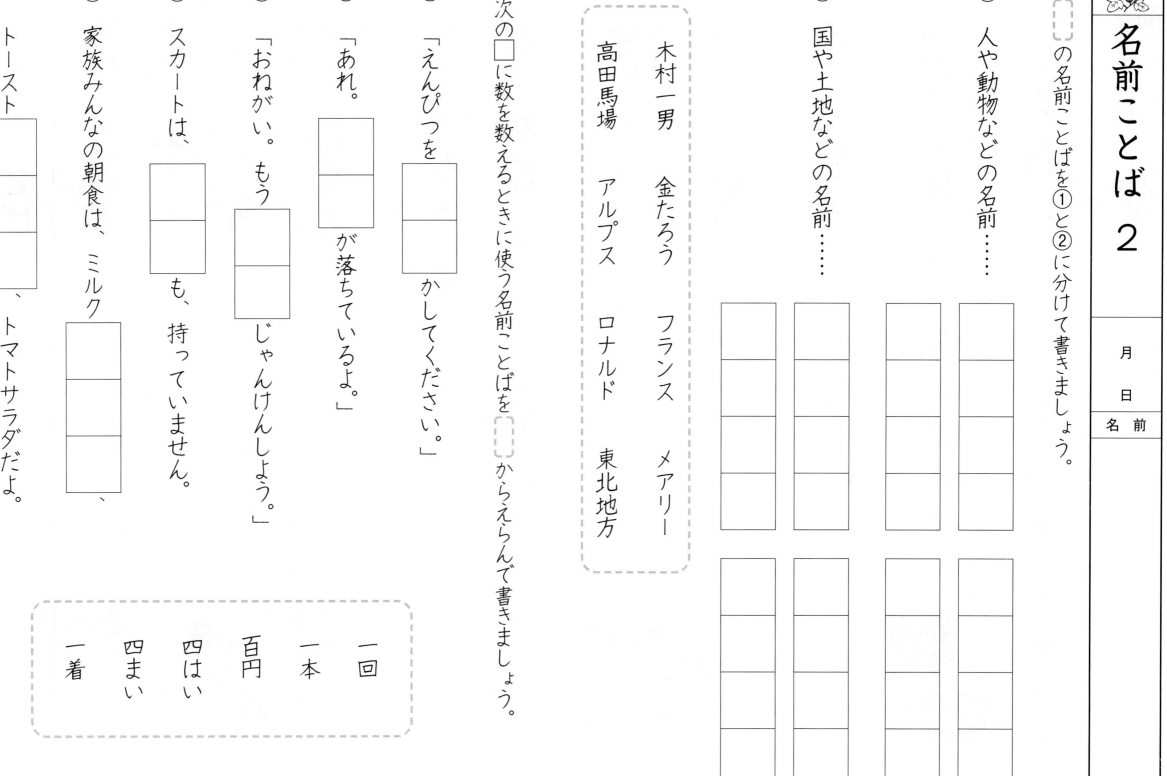

ようすことば

月　日

名前

人やものの状態《じょうたい》や性質《せいしつ》を表すことばをようすことばといいます。

れい

青い　海。　美しい　花。

ゆかいな　歌。　しずかな　教室。

「青い」は海のようすを表し、「美しい」は花のようすを表しています。

「ゆかいな」は歌のようすを表し、「しずかな」は教室のようすを表しています。

次の文の「ようすことば」を〇でかこみましょう。

① 赤い　風船が　とんで　いきました。

② おじいさんの　ひげは　白い。

③ すずしい　風が　ふいて　きた。

④ 妹は、　かみなりが　きらいだ。

⑤ ハンバーグは、　大すきな　おかずです。

⑥ いさましい　たいこの　音と、　楽しそうな　わらい声が　聞こえて　くる。

動きことば

月　日
名前

人やものの動きやはたらきを表すことばを動きことば（動詞《どうし》）といいます。

れい

校庭を　走る。　大声で　ないた。

意味を　問う。　川が　流れる。

次の文の「動きことば」を◯でかこみましょう。

① 赤い　金魚が　泳ぐ。

② ねる　前には　歯を　みがく。

③ おじいさんは　山へ　行った。

④ おばあさんは　川へ　せんたくに　出かけた。

⑤ 写真を　見て、よく　考えて　答えなさい。

⑥ 白く　波立つ　海に、人を　乗せた
船が、はげしく　ゆれて　流された。

反対の意味のことば ―

月　日
名前

1 次のことばの反対のことばを書きましょう。

① 安い ― 高い
② 悲しい ―
③ 暗い ―
④ みにくい ―
⑤ 寒い ―
⑥ やさしい（※かんたんなこと） ― む
⑦ あさい ―
⑧ やわらかい ―
⑨ 軽い ―
⑩ 短い ―

2 かんけいのあることばどうしを、[ ] からえらんで書きましょう。

① ―
② ―
③ ―
④ ―
⑤ ―

太陽　銀
まずい　根
金　今
葉　うまい
月　昔

反対の意味のことば 2

月　日

名前

1 反対のことばを、[ ]からえらんで書きましょう。

① 行く ― [ ]

② 動く ― [ ]

③ 立つ ― [ ]

④ かす ― [ ]

⑤ 死ぬ ― [ ]

⑥ 問う ― [ ]

⑦ 始める ― [ ]

⑧ 起きる ― [ ]

ねる　止まる　すわる　かりる
終える　生きる　来る　答える

2 次の文で、㋐と㋑が反対の意味になるように、[ ]からえらんで書きましょう。

① 三年二組は、ドッジボールが ㋐[ ] ㋑[ ] チームだ。

② エスカレーターを ㋐[ ]。 ㋑[ ]。

③ 次のゲームでは ㋐[ ] ㋑[ ] かもしれない。

強い　負ける　弱い
下る　勝つ　上る

同じ意味のことば 一

月　日

名前

同じような意味をもつことばがあります。

1 同じような意味のことばを——でつなぎましょう。

① かたつむり　・　　・　㋐ ちち

② ごはん　・　　・　㋑ つら

③ かお　・　　・　㋒ うち

④ いえ　・　　・　㋓ しょくじ

⑤ おとうさん　・　　・　㋔ でんでんむし

2 同じような意味のことばを——でつなぎましょう。

① はなす　・　　・　㋐ たたく

② あげる　・　　・　㋑ うまい

③ たべる　・　　・　㋒ しゃべる

④ なぐる　・　　・　㋓ くう

⑤ おいしい　・　　・　㋔ あたえる

同じ意味のことば 2

月　日

名前

1 次の□に合う同じような意味のことばを［　］からえらんで書きましょう。

① 友人の（　　　　）研究。

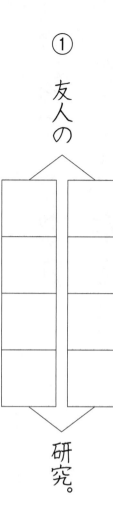

② わたしは（　　　　）泳げない。

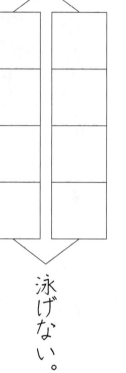

③ 方ほうを（　　　　）。

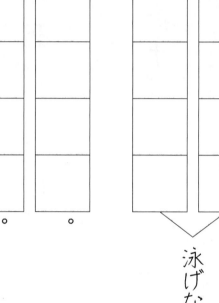

ぜんぜん
すぐれた
まちがう
まったく
りっぱな
あやまる

2 次の□に合う同じような意味のことばを［　］からえらんで書きましょう。

① いっしょうけんめい（　　）するぞ。

② 理科の実けんの（　　　　）をする。

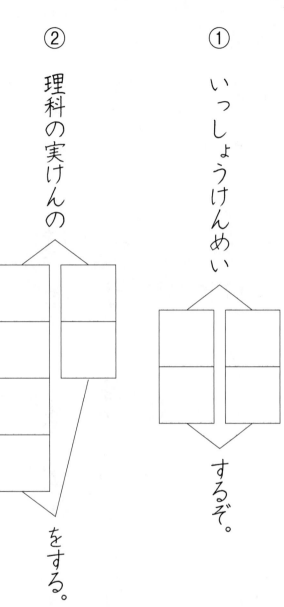

③ 書道の道具を（　　）そろえた。

用意
一式
全部
勉強
じゅんび
学習

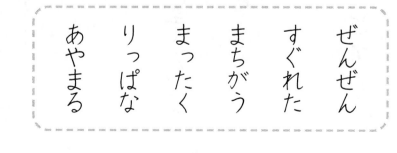

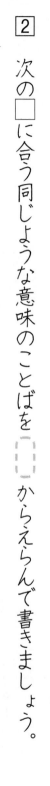

つなぎことば 1

月　日　名前

文と文とをつなぐことばを、つなぎことばといいます。□に合うことばを□からえらんで、書きましょう。

① いさむさんは、学校から急いで帰ってきました。□□□、すぐに自分の部屋《へや》へかけこみました。

② よし子さんは、お母さんからおつかいをたのまれました。□□□、友だちとは遊べなくなりました。

③ にわとりが先にいたのでしょうか。□□□□、たまごが先にあったのでしょうか。

④ 朝から大雪です。□□□□、ゆうびん屋さんは、配たつに行かなければなりません。

⑤ 今日、学校を休みました。□□□□、とても体がつらかったからです。

なぜなら　そして　だから
それでも　それとも

つなぎことば ２

月　日

名前

次のつなぎことばの合う方を○でかこみましょう。

① あすは、雨がふるでしょう。｛だから／あるいは｝雪になるかもしれません。

② 弟は、まだ小さいです。｛だから／しかし｝なかなかりこうです。

③ 男の子は、石につまずいて転びました。｛けれど／それで｝足にけがをしたのです。

④ 男の子は、とうとう自転車に乗れました。｛それから／それとも｝公園にもよく出かけるようになりました。

⑤ 学校が休みになりました。｛というのは／それで｝その朝、台風が来たからです。

こそあどことば

月　日
名前

さくらさんと、のぼるさんが話しています。□の中にどのことばを入れればよいですか。表からえらんで書きましょう。

① 「さくらさん、□□えんぴつは、だれのものですか。」

② 「□□えんぴつは、わたしのよ。」

③ 「じゃあ、□□ランドセルは、のぼるさんのものですか。」

④ 「ううん、□□は、ぼくのじゃないよ。」

⑤ 「じゃあ、□□子のランドセルなのかなあ。」

	指定
話し手に近い	この（これ）
聞き手に近い	その（それ）
どちらにも遠い	あの（あれ）
話し手にわからない	どの（どれ）

文の組み立て 1

月　日　名前

文は、いくつかの部分からできています。

れい

公園に（1）　バラの（2）　花が（3）　さきました。（4）

右の文は、四つの部分からできています。文を切るときは「ネ」を使います。

公園に（ネ）バラの（ネ）花が（ネ）さきました。

次の文は、いくつの部分からできていますか。□に数を書きましょう。

① 上野の動物園は、大人気です。　□

② ゾウは、草原をゆっくりと歩いた。　□

③ わたしは、兄と手をつなぎました。　□

④ 小さなメダカは、すいすいと泳いだ。　□

⑤ けさ、赤いチューリップが、三つもきれいにさきました。　□

⑥ あなたは、算数がすきですか。それとも国語がすきですか。　□

文の組み立て 2

月　日
名前

文の「〜〜が」や「〜〜は」にあたる部分を主語といいます。

れい
犬が　走る。
ぼくは、小学二年生です。

1 次の文の主語に――を引きましょう。

① ねこが、ニャーンと鳴きました。

② 子馬が、草原を走り回る。

③ お母さんは、花びんに花をかざった。

④ けさ、チューリップが三つさいた。

⑤ この水田に、父が田植えをした。

⑥ 広場で、ぼんおどりが開かれる。

2 次の□に合う主語を［　］からえらんで書きましょう。

① □□□□、中学生です。

② □□□□、電線に止まっている。

③ 太陽の□□□□、あたたかい。

［日ざしが　姉さんは　つばめが］

文の組み立て ３

月　　日

名前

文の主語の動きやようすを表すことばを述語《じゅつご》といいます。

れい

母は《主語》、花のなえを　植える《述語》。（何は、…どうする）

田村さんは、工作が　上手だ。（何は、…どんなだ）

姉は、中学生だ。（何は、なんだ）

1 次の文の述語の部分に〰〰を引きましょう。

① 子犬が、ワンとほえた。

② 小川は、さらさらと流れる。

③ きょうの空は、青い。

④ わたしの兄は、せが高い。

⑤ わたしの父は、会社員だ。

⑥ トノサマバッタは、こん虫です。

2 次の□に合う述語を［　］からえらんで書きましょう。

① かみなりが、ゴロゴロ［　　　］。

② 赤い夕日が、［　　　］。

③ わたしのおじは、［　　　］。

［ 先生だ　鳴った　美しい ］

文の組み立て ４

月　日

名前

れいのように「美しい」は「花」のようすを表し、「大きな」は「魚」のようすを表しています。

れい　美しい　花。　大きな　魚。

1　――のことばをくわしくしていることばに……を引きましょう。また、くわしくしていることばを矢じるしでつなぎましょう。

① 赤い　花が、さいています。

② 小さい　アリが、動き回る。

③ すなおな　心は、大切だ。

れいのように「早く」は「起きる」を、「山に」は「登る」をくわしくしています。

れい　早く　起きる。　山に　登る。

2　〰〰のことばをくわしくしていることばに……を引きましょう。また、くわしくしていることばを矢じるしでつなぎましょう。

① きくの　花が、美しく　さいた。

② 母は、買い物に　行きました。

③ わたしは、本を　読みました。

文の組み立て 5

月　日
名前

れいのように、「赤い」は「花」を、「きれいに」は「さいた」をくわしくしています。

れい　赤い　花が、きれいに　さいた。

1　次の——の部分、〰〰の部分をくわしくしていることばに……を引きましょう。また、くわしくしていることばを矢じるしでつなぎましょう。

① 真っ黒な　雲が、大空を　おおった。

② しずかな　海が、とつぜん　あれだした。

③ 明るい　月が、山道を　てらす。

④ かわいい　弟は、ぴかぴかの　一年生だ。

2　次の……の部分は、どのことばをくわしくしていますか。そのことばに——を引きましょう。

① 緑色の　インコが、鳴いている。

② 子どもたちは、いっせいに　走り出した。

③ 悲しそうに、後ろを　ふりむきました。

文の組み立て６

月　日　名前

文には、いくつかの部分があります。それは（いつ）のことか、（どこで）なのか、（だれ）のことか、（何を）、（いくつ）、（何に）、（どうする）などがあります。

れい　朝《（いつ）》、父《（だれは）》は　家《（どこで）》で　新聞《（何を）》を　読む《（どうする）》。

次の文の（　）に「いつ・どこで・だれは・何が・何を・いくつ・何に・どこに・どうする・どうした」などを、文の形に合わせて書きましょう。

① きょう、（　　）学校で（　　）運動会が（　　）行われる。（　　）

② わたしは、（　　）犬に（　　）えさを（　　）あげた。（　　）

③ けさ、（　　）チューリップが（　　）三つ（　　）さいた。（　　）

④ 姉は、（　　）去年の夏、（　　）富士山《ふじさん》に（　　）登った。（　　）

⑤ 太一さんは、（　　）毎週（　　）運動場で（　　）サッカーを（　　）する。（　　）

⑥ きのう、（　　）ぼくは（　　）道で（　　）百円玉を（　　）拾った。（　　）

文の組み立て 7

月　日

名前

文には、いくつかの部分があります。
それは、（いつ）のことか、（だれ）のことか、（どこで）（何を）、
（だれと）、（どのように）、（どうした）などがあります。

れい　きのう、《（いつ）》　赤ちゃんが《（だれが）》　よちよち《（どのように）》　歩いた。《（どうした）》

次の文の（　）に、「いつ・どこで・だれは・だれが・だれに・何が・何は・何を・どのように・どうする・どうした」などを、文の形に合わせて書きましょう。

① 兄は、（　　）弟に（　　）手を（　　）さしだした。（　　）

② ボールが（　　）とんで、（　　）まどガラスを（　　）わった。（　　）

③ お母さんが、（　　）赤ちゃんに（　　）ミルクを（　　）あげている。（する）

④ ドングリが（　　）坂を（　　）ころころ（　　）転がった。（　　）

⑤ 子牛は、（　　）おいしそうに（　　）ほし草を（　　）食べていた。（　　）

⑥ 十月十日、（　　）神社で（　　）秋祭りが（　　）せい大に（　　）行われる。（　　）

文の組み立て 8

月　日
名前

次の文を読んで、あとの問いに答えましょう。

(1) 朝、父は家で新聞を読みます。

① この文は「だれ」のことが書いてありますか。

□のこと

② 「何をどうする」と書いてありますか。

□□を□□

③ 「いつ」「どこで」したと書いてありますか。

いつ□
どこで□で

(2) 太一は、兄といっしょに、海辺で花火を上げた。

① この文は、「だれ」のことが書いてありますか。

□□のこと

② 「だれと」いっしょにしたと書いてありますか。

□といっしょに

③ 「何をどうした」と書いてありますか。

□□を□□□

④ 「どこで」したと書いてありますか。

□□で

(3) けさ、バラが三つさきました。
その花の色は、赤と白と黄色でした。

① 一行目は「何がどうした」と書いてありますか。

□□が□□た

② ①は「いつ」のことですか。

□□のこと

③ 二行目は「何」について書いてありますか。

□の□について

④ 花の色はどんな色ですか。

□、□、□色

言い方 1

月　日
名前

文には　ふつうの言い方とていねいな言い方があります。

れい

ふつう　ぼくは、とても元気だ。

ていねい　ぼくは、とても元気です。

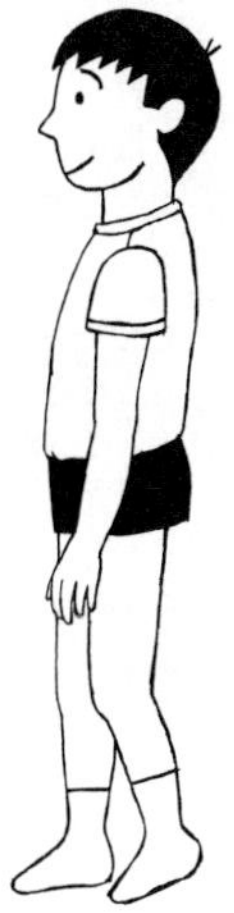

次の文をていねいな言い方に直しましょう。

① 朝から雨が、ふっている。

② かぜをひき、学校を休んだ。

③ さくらの花が、美しくさいた。

④ うさぎとかめは、池まできょうそうをした。

⑤ くじらは、魚ではない。ほにゅうるいだ。

言い方２

月　日

名前

1 次の文をふつうの言い方に直しましょう。

① わたしは、小学三年生です。

わた

② 四月には、さくらの花がさきます。

③ 雨がふってきたので、急いで家に帰りました。

④ 秋になりました。草原には、赤とんぼがとんでいました。

2 ていねいな言い方はふつうの言い方に、ふつうの言い方はていねいな言い方に直しましょう。

① 宿題をわすれました。→ 宿題を　　　　。

② 川では泳ぎません。→ 川では　　　　。

③ 兄は中学生だ。→ 兄は　　　　　。

④ 池には入らない。→ 池には　　　　　。

ローマ字 1

月　日

名前

ローマ字の五十音図を表に書きましょう。
うすい文字をなぞってから、右に書きましょう。

あ行	あ	a		い	i		う	u		え	e		お	o				
か行	か	ka		き	ki		く	ku		け	ke		こ	ko				
さ行	さ	sa		し	si		す	su		せ	se		そ	so				
た行	た	ta		ち	ti		つ	tu		て	te		と	to				
な行	な	na		に	ni		ぬ	nu		ね	ne		の	no				
は行	は	ha		ひ	hi		ふ	hu		へ	he		ほ	ho				
ま行	ま	ma		み	mi		む	mu		め	me		も	mo				
や行	や	ya		(い)	i		ゆ	yu		(え)	e		よ	yo				
ら行	ら	ra		り	ri		る	ru		れ	re		ろ	ro				
わ行	わ	wa		(い)	i		(う)	u		(え)	e		(お)	o		ん	n	
別の書き方	し	shi		ち	chi		つ	tsu		ふ	fu		を	wo				

ローマ字２

月　日

名前

ローマ字のだく音（が行・ざ行・だ行・ば行）、半だく音（ぱ行）、大文字をうすい文字をなぞってから、右に書きましょう。

にごる音	が	ga		ぎ	gi		ぐ	gu		げ	ge		ご	go	
	ざ	za		じ	zi		ず	zu		ぜ	ze		ぞ	zo	
	だ	da		ぢ	zi		づ	zu		で	de		ど	do	
	ば	ba		び	bi		ぶ	bu		べ	be		ぼ	bo	
	ぱ	pa		ぴ	pi		ぷ	pu		ぺ	pe		ぽ	po	
大文字	a	A		i	I		u	U		e	E		o	O	
	k	K		s	S		t	T		n	N		h	H	
	m	M		y	Y		r	R		w	W		g	G	
	z	Z		d	D		b	B		p	P				

※アルファベットは、全部で26字あります。

ローマ字３

月　日

名前

1　ねじれる音（小さなや・ゆ・よがつく音）を、うすい文字をなぞってから、右に書きましょう。

か行	きゃ	kya		きゅ	kyu		きょ	kyo	
さ行	しゃ	sya		しゅ	syu		しょ	syo	
た行	ちゃ	tya		ちゅ	tyu		ちょ	tyo	
な行	にゃ	nya		にゅ	nyu		にょ	nyo	
は行	ひゃ	hya		ひゅ	hyu		ひょ	hyo	
ま行	みゃ	mya		みゅ	myu		みょ	myo	
ら行	りゃ	rya		りゅ	ryu		りょ	ryo	
が行	ぎゃ	gya		ぎゅ	gyu		ぎょ	gyo	
ざ行	じゃ	zya		じゅ	zyu		じょ	zyo	
ば行	びゃ	bya		びゅ	byu		びょ	byo	
ぱ行	ぴゃ	pya		ぴゅ	pyu		ぴょ	pyo	

※だ行はざ行と同じです。

2　人や国、土地の名前は大文字で始まります。次のことばをローマ字で書きましょう。

①　北海道

②　東京都

③　山口県

④　日本《にほん》

⑤　織田信長《おだのぶなが》

⑥　金子《かねこ》みすゞ《ず》

辞典《じてん》の引き方 1

月　日
名前

国語辞典は、ことばの一文字目の、あいうえお順《じゅん》に出ています。次のことばで、早い順に番号をつけましょう。

①
- ㋐ わに（　）
- ㋑ らくだ（　）
- ㋒ しか（　）
- ㋓ なまず（　）
- ㋔ あひる（　）
- ㋕ はまぐり（　）
- ㋖ たぬき（　）
- ㋗ くま（　）

②
- ㋐ きく（　）
- ㋑ むぎ（　）
- ㋒ さくら（　）
- ㋓ つつじ（　）
- ㋔ もも（　）
- ㋕ すいか（　）
- ㋖ うめ（　）
- ㋗ びわ（　）

③
- ㋐ やしき（　）
- ㋑ やなぎ（　）
- ㋒ やり（　）
- ㋓ やもり（　）
- ㋔ やえざくら（　）
- ㋕ やさしい（　）
- ㋖ やつで（　）
- ㋗ やま（　）

④
- ㋐ こばん（　）
- ㋑ ごばん（　）
- ㋒ ごはん（　）
- ㋓ こはん（　）

⑤
- ㋐ カーテン（　）
- ㋑ ケーキ（　）
- ㋒ プール（　）
- ㋓ シーソー（　）
- ㋔ ノート（　）

辞典は、読者がべんりに使えるようにいろいろくふうされています。
ですから、辞典によって、ならべ方がちがうことがあります。
よく見てみましょう。

辞典の引き方 2

月　日
名前

漢字辞典では、氵（さんずいへん）、⺮（たけかんむり）などのように、同じ部首を持つ漢字が一まとまりになっています。
部首は、漢字を引くための見出しになっていて、画数でならべています。

国《くに》 → 囗《くにがまえ》（部首）（3画）
病《やまい》 → 疒《やまいだれ》（部首）（5画）
顔 → 頁《おおがい》（部首）（9画）

1 次の漢字の部首と、部首の画数を書きましょう。

① 空 → □ □画
② 秋 → □ □画
③ 発 → □ □画
④ 転 → □ □画
⑤ 等 → □ □画
⑥ 開 → □ □画

2 次の部首を持つ漢字は、どの順で漢字辞典に出てきますか。早い順に番号をつけましょう。

(1) ① 使（　） ② 住（　） ③ 休（　） ④ 倍（　）
(2) ① 林（　） ② 村（　） ③ 梅（　） ④ 札（　）
(3) ① 消（　） ② 海（　） ③ 漢（　） ④ 深（　）

送りがな 一

月　日

名前

漢字をなぞり書きし、送りがなを書きましょう。

① 借 かりる

② 努 つとめる

③ 勇 いさましい

④ 固 かためる

⑤ 働 はたらく

⑥ 失 うしなう

⑦ 喜 よろこぶ

⑧ 最 もっとも

⑨ 周 まわり

⑩ 挙 あげる

⑪ 必 かならず

⑫ 初 はじめて

⑬ 欠 かける

⑭ 便 たより

⑮ 量 はかる

⑯ 争 あらそう

⑰ 養 やしなう

⑱ 連 つらねる

⑲ 参 まいる

⑳ 冷 さます

送りがな２

月　日

名前

漢字をなぞり書きし、送りがなを書きましょう。

① はこぶ　運

② ゆだねる　委

③ はぐくむ　育

④ さかえる　栄

⑤ つらなる　連

⑥ むらがる　群

⑦ やぶれる　敗

⑧ くわえる　加

⑨ あたり　辺

⑩ おれる　折

⑪ おぼえる　覚

⑫ たとえる　例

⑬ いわう　祝

⑭ このむ　好

⑮ ほうる　放

⑯ つたえる　伝

⑰ あいする　愛

⑱ しずけさ　静

⑲ なかば　半

⑳ きそう　競

送りがな 3

月　日

名前

次の送りがなで正しい方を○でかこみましょう。

① 芽生　える／る

② 省　く／ぶく

③ 浴　びる／る

④ 改　める／る

⑤ 積　もる／る

⑥ 告　げる／る

⑦ 救　くう／う

⑧ 戦　う／かう

⑨ 治　める／さめる

⑩ 信　んじる／じる

⑪ 止　める／る

⑫ 清　よい／い

⑬ 試　みる／る

⑭ 包　む／つむ

⑮ 変　わる／る

⑯ 産　まれる／れる

⑰ 老　いる／る

⑱ 満　ちる／る

⑲ 唱　る／える

⑳ 付　ける／る

送りがな４

月　日

名前

次の送りがなで正しい方を○で囲みましょう。

① 近
づく
ずく

② 求
る
める

③ 望
ぞむ
む

④ 果
たす
す

⑤ 深
かい
い

⑥ 建
てる
る

⑦ 笑
らう
う

⑧ 残
す
こす

⑨ 選
ぶ
らぶ

⑩ 治
る
おる

⑪ 浅
い
さい

⑫ 熱
つい
い

慣用句《かんようく》 1

月　日

名前

「慣用句」とは、ことばが結びついて、特別の意味を持つことばのことです。

1 次の慣用句の意味に合うものを、——でつなぎましょう。

① はらが立つ　・　　・ ㋐ 好きだ

② 手をかす　・　　・ ㋑ 手《て》伝《つだ》う

③ …に目がない　・　　・ ㋒ じまんする

④ きもをつぶす　・　　・ ㋓ おこる

⑤ 鼻が高い　・　　・ ㋔ おどろく

2 次の慣用句の意味に合うものを、——でつなぎましょう。

① のれんにうでおし　・　　・ ㋐ 味方する

② かたをもつ　・　　・ ㋑ あわてる

③ へそで茶をわかす　・　　・ ㋒ ききめがない

④ あわをくう　・　　・ ㋓ こまる

⑤ とほうにくれる　・　　・ ㋔ 聞きあきる

⑥ 耳にたこができる　・　　・ ㋕ おかしい

慣用句《かんようく》 2

月　日

名前

次のことばを使った慣用句を辞典で調べて書きましょう。

① 手

手があく

② 足

足がすくむ

③ 顔

顔が売れる

④ 首

⑤ 目

⑥ 耳

慣用句《かんようく》３

月　日

名前

次の慣用句で、正しい方に○を書きましょう。

①　はらが　㋐黒い（　）　㋑いたい（　）

㊤心に悪い考えがあること。

②　口が　㋐大きい（　）　㋑かたい（　）

㊤ひみつを守って、もらさないこと。

③　こしが　㋐低い（　）　㋑曲がる（　）

㊤人に対してとてもていねいなこと。

④　水に　㋐流す（　）　㋑うかぶ（　）

㊤もめごとなどで、心に残ったいやな思いをわすれること。

⑤　油を　㋐とる（　）　㋑売る（　）

㊤むだ話をしてさぼること。

⑥　さじを　㋐投げる（　）　㋑つかむ（　）

㊤ものごとをあきらめること。

⑦　つるの　㋐一声《ひとこえ》（　）　㋑鳴き声（　）

㊤みんなが言うことを聞く、力のある人の一言。

⑧　頭が　㋐いたい（　）　㋑よい（　）

㊤頭をなやませること。

⑨　ほねを　㋐のばす（　）　㋑折る（　）

㊤とても苦労して努力すること。

⑩　後の　㋐始末（　）　㋑祭り（　）

㊤手おくれ。間に合わないこと。

ことばの意味 1

月　日
名前

次の——のことばの意味として、正しいものに○をつけましょう。

① 病のとこにつく

( )㋐ 病気になる
( )㋑ ゆかにたおれる
( )㋒ 病気の原いんを調べる

② つぐないをする

( )㋐ もとにもどす
( )㋑ うめあわせをする
( )㋒ はたらく

③ ねこのしわざだ

( )㋐ あやまち
( )㋑ しうち
( )㋒ おこない

④ 船が出港した

( )㋐ 船から上陸する
( )㋑ 港から海へと出る
( )㋒ 船がこわれる

⑤ 目的を達成した

( )㋐ なしとげる
( )㋑ むかって進む
( )㋒ くふうする

⑥ ほう石をちりばめたよう

( )㋐ ばらばらにする
( )㋑ たくさん集める
( )㋒ あちこちに、はめこむ

ことばの意味 2

月　日

名前

次の文に使われている、□のことばの意味を辞典で調べましょう。（　）にその意味を書きましょう。

① わたしの住んでいる町は、交通の**便**がいい。

（　　　　）

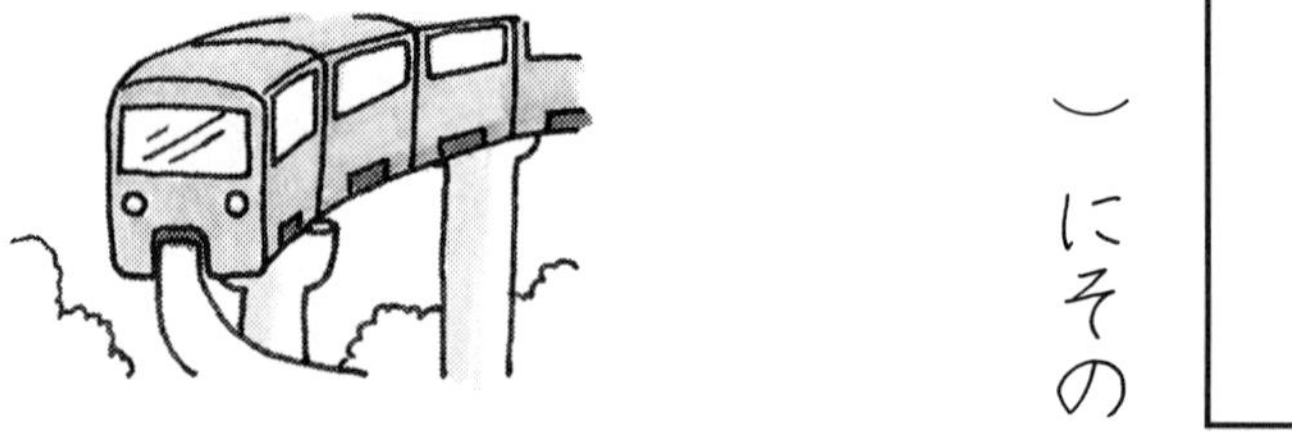

② 中国から来たパンダは、日本で人気を**博した**。

（　　　　）

③ クラス全員で話し合って、学校活動のあり方を**刷新**することにした。

（　　　　）

④ ケン玉の上手さでは、川原さんの**右に出る者がいない**そうだ。

（　　　　）

⑤ 下山さんは、いつもクラスのために**労をおしまず**動いてくれます。

（　　　　）

ことばの意味 3

月　日　名前

―のことばと同じ意味に使っているものに○をつけましょう。

① ペーターは、病気の母を案じていた。
- ( ) ㋐ 失敗しないように計画を案じよう。
- ( ) ㋑ 小さなことで案じるな。

② ねてもさめても頭からはなれない。
- ( ) ㋐ ねてもさめても平気だ。
- ( ) ㋑ ねてもさめても気になる。

③ 改良を加える。
- ( ) ㋐ 組み立て方を改良する。
- ( ) ㋑ 友人との仲を改良した。

④ 挙手して答えなさい。
- ( ) ㋐ 挙手して勝った。
- ( ) ㋑ 挙手して当てられる。

⑤ かたずをのんで見守る。
- ( ) ㋐ かたずをのんでがんばる。
- ( ) ㋑ かたずをのんでゆくえをみる。

⑥ のどをうるおす。
- ( ) ㋐ のどのいたさをうるおす。
- ( ) ㋑ のどのかわきをうるおす。

文末の表し方 1

月　日　名前

1 「本を読む」の文末の形を変えると、次の①～⑦になります。その意味を[ ]から選んで記号を書きましょう。

① 本を読んでいる。 [ ]

② 本を読んでしまう。 [ ]

③ 本を読んでおく。 [ ]

④ 本を読んでみる。 [ ]

⑤ 本を読んでやる。 [ ]

⑥ 本を読んでくれる。 [ ]

⑦ 本を読んでもらう。 [ ]

㋐ したことが終わった形
㋑ ためしにする形
㋒ 動きやありさまが続いている形
㋓ すでにじゅんびしている形
㋔ 相手にしてあげる形
㋕ 相手にしてもらう形
㋖ 何かしてくれる形

2 文末の形がちがう「犬が走る」の意味に合うものを——でつなぎましょう。

① 犬が走ってくる。　・　　・　㋐ 遠のいていく形

② 犬が走っていく。　・　　・　㋑ 近づいている形

文末の表し方 2

月　日　名前

1 文末の表し方はどれにあてはまりますか。――でつなぎましょう。

① 明日は、楽しい遠足だ。・　　・㋐ そうしなければならないと言いきる。

② その犬は、上手に泳げそうだ。・　　・㋑ はっきりしたことをしめす。

③ ゆいさんの家に赤ちゃんが生まれたそうだ。・　　・㋒ 思ったり感じたりしたことで、はっきりとはわからない。

④ もっと調べておくべきだ。・　　・㋓ だれかから聞いた。

2 文末につける「か」は、いろいろな意味に使われます。次の文の「か」は、□の どの意味を持つか、記号を書きましょう。

① この本は、だれのですか。　□

② こんなことで、ぜったいに泣くもんか。　□

③ さて、本当の話だろうか。　□

④ ああ、そうだったんですか。　□

⑤ あなたもいっしょに行きませんか。　□

㋐ うたがっている
㋑ きいている
㋒ 感想（気持ち）を表す
㋓ さそいかける
㋔ 打ち消している

動きことば １

月　日　名前

人やものの動き、状態《じょうたい》の変化、存在《そんざい》を表すことばがあります。
これを動きことば（動詞《どうし》）といいます。

㋐ 人やものの動き
山に登る。
風車が回る。

㋑ 状態の変化
体が冷える。
空が晴れる。

㋒ 存在を表す
人がいる。
花びんがある。

1 次のことばのうち、動きことばに○をつけましょう。

① 名札（　　）
② 見る（　　）
③ ゆっくり（　　）
④ 歩く（　　）
⑤ 飛ぶ（　　）
⑥ きれいな（　　）
⑦ 食べる（　　）
⑧ ガシャン（　　）
⑨ かわいい（　　）
⑩ 歌う（　　）

2 次の動きことばは、㋐人やものの動き、㋑状態の変化、㋒存在を表すのうちのどれですか。記号を書きましょう。

① 犬が走る。 □
② タオルがかわく。 □
③ たぬきがいる。 □
④ 海で泳ぐ。 □
⑤ お湯がわく。 □
⑥ うさぎがはねる。 □
⑦ 風船がわれる。 □
⑧ 森の中に人がいる。 □
⑨ 山に行く。 □
⑩ お茶を飲む。 □

動きことば 2

月　日

名前

1 次の文の上と下の動きことばをつないで、意味の通る文にしましょう。

① お母さんは、たまごを　・　　・　ふくことです。

② 弟のしゅみは、笛を　・　　・　温まった。

③ おふろに入って、体が　・　　・　焼いた。

④ ぼくの家にはインコが　・　　・　ありません。

⑤ ちょ金箱には、お金が　・　　・　います。

2 次の文に合う動きことばを、[　]から選んで書きましょう。

① 「やったあ。プラモデルが□□□□ぞ。」

② テストが満点だったのは、よく□□□□からだ。

③ 「ああ、□□□□□□。」

④ わたしが悪かったので、□□□□。

⑤ 父は、昔、車をよく□□□□そうだ。

[びっくりした　反省した　完成した　運転した　勉強した]

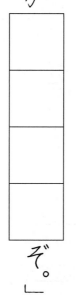

動きことば 3

月　日　名前

1 次の文に入る動きことばを［　］から選び、合う形に変えて書きましょう。

① 赤ちゃんが、とても楽しそうに□□た。

② 「そうだ。とっておいたプリンを□□□□う。」

③ ぼくは君の言ったことを、心の底から□□ます。

④ 大切な書類は、□□□はいけません。

⑤ もし明日□□□ら、遊園地に□□るのに。

［ 信じる　笑う　食べる　晴れる　折る　行く ］

2 太字の動きことばを次の文に合う形に変えて書きましょう。

① **する**

・「あれっ、どう□□の。」「さがし物を□□いるの。」

一万円も□たメガネなのに。」「それはこまったね。」

どう□□□か。」

② **ある**

・「ここにペンは□□の。」「さっきまで□□□けど、

今はないよ。もう一本□□ばなあ。」

動きことば４

月　日
名前

歩かない
歩きます
歩いた
歩くとき
歩けば
歩こう
→ 歩く（もとの形）

上のように「歩く」は、いろいろと形を変えて使われますが、そのもとの形は「歩く」です。

次の動きことばのもとの形を（　）に書きましょう。

① 太一さんは、山へ登った。（　　　）
② さあ、早くさがせ。（　　　）
③ 弟は、どうしても走らない。（　　　）
④ みんなといっしょに行こう。（　　　）
⑤ 道路を歩くときは、気をつけよう。（　　　）
⑥ ぼくは、テレビを見ます。（　　　）
⑦ そんなことはしない。（　　　）
⑧ 花がさきました。（　　　）
⑨ 早く起きればいいのに。（　　　）

ようすことば１

月　日　名前

人やものの状態《じょうたい》や性質《せいしつ》を表すことばをようすことば（形容詞《けいようし》・形容動詞《けいようどうし》）といいます。

例

青い海。　海は青い。

ゆかいな歌。　ぼくはゆかいだ。

1 次のことばのうち、ようすことばに○をつけましょう。

① 名札（　）　② 美しい（　）

③ きっと（　）　④ 白い（　）

⑤ きれいだ（　）　⑥ 食べる（　）

⑦ 便利だ（　）　⑧ かわいい（　）

⑨ ガシャン（　）　⑩ 笑う（　）

2 次の文に合うようすことばを、［　］から選んで書きましょう。

① □□□□ハンカチを買ってもらいました。

② 妹のご飯茶わんは、わたしのよりも□□□。

③ 算数の問題がとけたので、とても□□□□。

④ □□□□□笑い声が聞こえます。

⑤ ピーマンは、一番□□□□野菜です。

［きらいな　きれいな　うれしい　楽しそうな　小さい］

ようすことば 2

月　日

名前

ようすことばは、いろいろと形を変えることがあります。

例

小さかろう
小さかった
小さくなる
小さいとき
小さければ

苦しかろう
苦しかった
苦しくなる
苦しいとき
苦しければ

真っ白だろう
真っ白だった
真っ白である
真っ白になる
真っ白なもの（人）
真っ白ならば

1 次のことばを例のように形を変えましょう。

① 赤い

赤かろう
赤
赤
赤
赤

② 明るい

明
明
明
明
明

2 次のようすことばを、動きことばに変えましょう。

① 強い

強まる
強める
強がる

② 広い

広
広
広

③ 深い

深
深

④ うれしい→うれし

⑤ ふしぎだ→ふしぎ

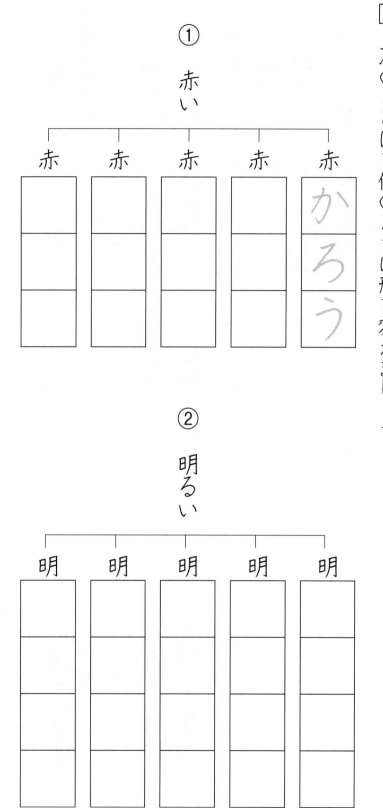

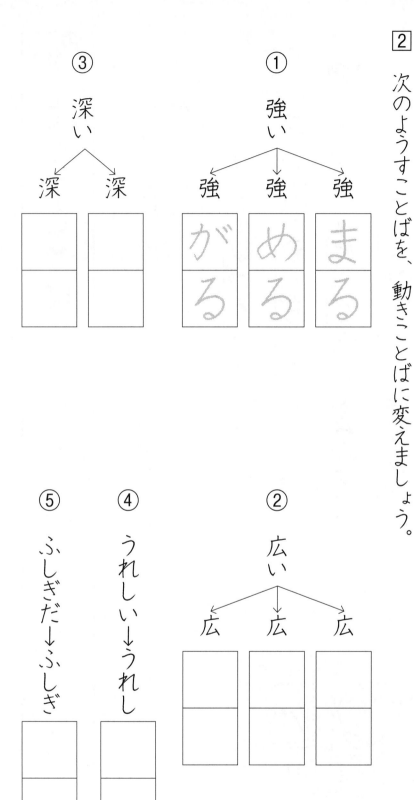

ようすことば３

月　日
名前

「動きことば」のようすやていどなどを、くわしく説明する「ようすことば」があります。

例

ごはんをゆっくり食べた。

黒い雲がもくもく広がった。

きょうはたぶん雨がふるだろう。

たいこがドンドンと鳴りひびく。

あの人はめったにちこくしない人だ。

次の文の中から、「動きことば」のようすやていどを表す「ようすことば」を見つけて書きましょう。

明日は、いよいよ　運動会です。むねが　ドキドキ　高なって、なかなか　ねむれません。星が　とても　きれいなので、きっと晴れるだろうと　思います。

お母さんに、

「おにぎりを　たくさん　作ってね。」

と　お願いしました。

「ずいぶん　がんばったね。」

と　ほめて　もらえるように、思いっきり　がんばるつもりです。

名前ことば 1

月　日
名前

名前ことばには、㋐それぞれの名前を代わりに表すものや、㋑数を表すものもあります。

㋐ ぼく　あなた　かれ

㋑ 五、三つ、三人、一羽、六本

1　[ ]の名前ことばを、話し手、聞き手、話し手でも聞き手でもない人、はっきりわからない人に分けて書きましょう。

① 話し手

② 聞き手

③ 話し手でも聞き手でもない人

④ はっきりわからない人

きみ　ぼく
かれ　だれ
わたし
あなた
かの女
どなた

2　次の文の中の名前ことばを書きましょう。

朝から　よく　晴れていて　気持ちが　よい。わたしにとって、とても　楽しい　一日が　始まりそうだ。きっと　君にも、友達の　かれにも、楽しい　日に　なるだろうと　思う。

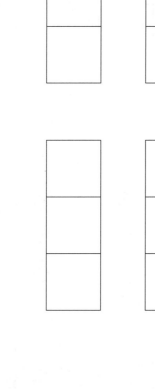

名前ことば 2

月　日　名前

動きことばやようすことばは形を変えると名前ことばになります。

例

動きことば→名前ことば

走る→走り

おどる→おどり

教える→教え

登る→登り

ようすことば→名前ことば

白い→白さ

楽しい→楽しさ

にぎやかだ→にぎやかさ

正直だ→正直さ

1 次のことばを名前ことばに変えましょう。

① 流れる

② 上る

③ 急ぐ

④ 集まる

⑤ 美しい

⑥ 大きい

⑦ ゆたかだ

⑧ のんきだ

2 次のことばを合わせて、名前ことばを作りましょう。

① 町を　調べる→ 町調

② 小さく　走る→ 小

③ 深く　追う→

④ 土や石の流れ→

⑤ ゆう便を受ける→

⑥ へそが曲がる→

ことばの種類 1

月　日

名前

ことば

- 名前ことば
  - とんぼ・かえる・山・川……
  - 日本・アルプス・エジプト・ふじ山……
  - ぼく・わたし・君・かれ・だれ……
  - 三こ・四本・五円・六さつ・七人……
- 動きことば
  - 走る・登る・回る……
  - 冷える・晴れる・かわく……
  - いる・ある
- ようすことば
  - 白い・高い・広い・美しい……
  - ゆかいだ・静かだ・親切だ……
  - ゆっくり・もくもく・たぶん・めったに……

名前ことばには㋤な、動きことばには㋒う、ようすことばには㋵よと書きましょう。

① 小さい □
② 少年 □
③ ひそかに □
④ どんどん □
⑤ はげしい □
⑥ 四年生 □
⑦ 泳ぐ □
⑧ 泳ぎ □
⑨ ゆっくり □
⑩ とうとう □
⑪ 果たす □
⑫ きたない □
⑬ 母 □
⑭ 手首 □
⑮ 薬 □
⑯ 考える □
⑰ ぷっつり □
⑱ 伝える □
⑲ しずむ □
⑳ ゆるやかな □

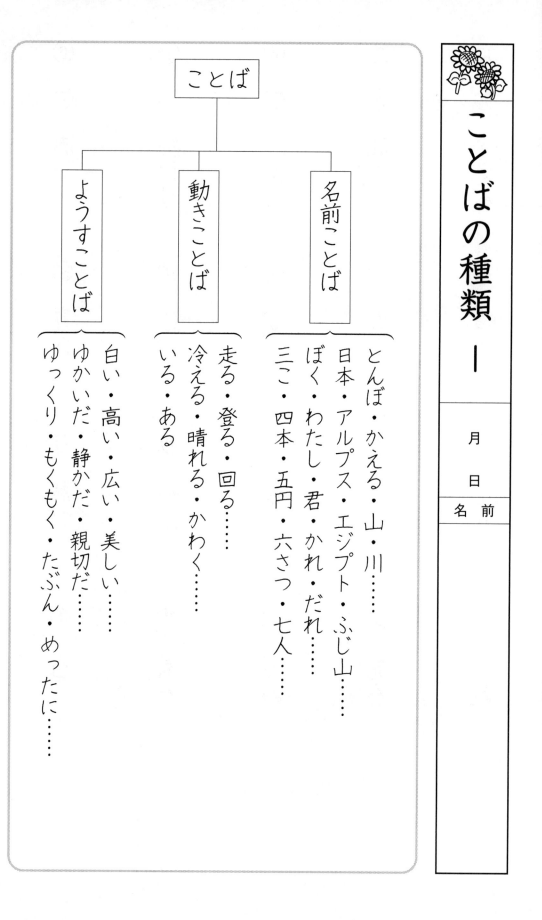

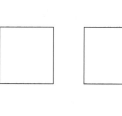

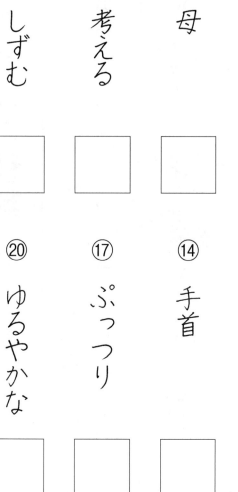

ことばの種類 2

月　日

名前

動きことば・ようすことば・名前ことばのグループを作りました。それぞれに、種類のちがうことばが一つ入っています。□に記号を書きましょう。

① ㋐ 重さ　㋑ 悲しむ　㋒ 静けさ　㋓ 美しさ　□

② ㋐ ぼく　㋑ わたし　㋒ あなた　㋓ かなり　□

③ ㋐ まぶしさ　㋑ たくさん　㋒ ずいぶん　㋓ しっかり　□

④ ㋐ きのう　㋑ きっと　㋒ すこし　㋓ もっと　□

⑤ ㋐ どんどん　㋑ きれいだ　㋒ にこにこ　㋓ じろじろ　□

⑥ ㋐ 赤い　㋑ 青さ　㋒ 黒い　㋓ 白い　□

⑦ ㋐ 終わり　㋑ 休む　㋒ 遊ぶ　㋓ 着る　□

⑧ ㋐ ふえる　㋑ なげく　㋒ 借りる　㋓ 好み　□

⑨ ㋐ 飛ぶ　㋑ 太る　㋒ 細い　㋓ 見る　□

⑩ ㋐ 冷える　㋑ 晴れる　㋒ 止まる　㋓ 晴れ　□

感動のことば

月　日
名前

話し手の気持ちを表す感動のことばは、次のようなものがあります。

㋐ よびかけ……おーい！　こっちだ。
㋑ 受け答え……はい、……。いいえ、……
㋒ あいさつ……こんにちは。さようなら。
㋓ さけび声……おお！　きゃあ！
㋔ かけ声……どっこいしょ。よいしょ。

1 次のことばは、㋐～㋔のどれになりますか。□に記号を書きましょう。

① きゃあ、助けて。　□
② オーケー、引き受けた。　□
③ ねえ、遊ぼうよ。　□
④ よいしょ、とすわった。　□
⑤ さようなら、またあした。　□
⑥ さあ、今日もがんばるぞ。　□
⑦ うん、わかった。　□
⑧ おーい、きみ。　□

2 □に合うことばを［　］から選んで書きましょう。

① □□、やめなさい。
② □□、どうかな。
③ □□、そのとおりです。
④ □□、おどろいた。
⑤ □□、みなさん、さようなら。

［では　こら　はい　まあ　さあ］

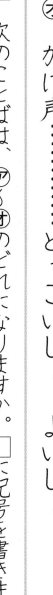

くっつきことば

月　日
名前

1 文の□に合うことばを□から選んで書きましょう。

① 犬□走ってくる。

② 本□読む。

③ 海□船がうかぶ。

④ えんぴつ□字を書く。

⑤ 弟□けんかをした。

⑥ 学校□行きます。

⑦ 辞典□引き方を教える。

⑧ 駅□□出かけます。

⑨ まりさんは、みきさん□□せが高い。

⑩ 南□□ふく風は、南風です。

で　に　の　を　へ　と　が　より　まで　から

2 次の□に合うことばを□から選んで書きましょう。

① ケーキ□パフェ□アイスクリーム□好きです。

② こんな計算問題なら、ぼく□□□できるもん。

③ この日記のかぎは、わたし□□持っていません。

④ あなた□□□、このひみつを教えます。

⑤ 橋本さん□□、学級委員にふさわしい。

だけに　しか　も　だって　こそ　（何度も使うことばもあります）

文の組み立て１

月　日
名前

例　白い雪が、ちらちらとふり始めた。

右の文では、「雪が」が主語で、「ふり始めた」が述語《じゅつご》です。
述語は、主語が「どうした」か、「どんなようす」かを表しています。

次の文の主語に——を、述語に〰〰を引きましょう。

①　かわいい子犬が、生まれた。

②　くまの親子は、ほらあなから出ました。

③　父と母が、まもなくここへ来ます。

④　校庭のすみに、いちょうが植えられた。

⑤　赤くさいている花は、チューリップだ。

⑥　三人の店員は、いそいそと帰りました。

⑦　夜空に星が、きらきらとかがやく。

⑧　二ひきのかにには、石のかげにかくれた。

文の組み立て 2

月　日
名前

例

(1) 花が、さいた。

(2) コスモスの 花が、きれいに さいた。

右の(1)は、主語と述語《じゅつご》だけです。これだけでは、どんな花なのか、どのようにさいたのか、わかりません。(2)は(1)にくわしくすることばをつけて、読んだ人がわかるようにしています。

1 次の文の主語□をくわしくしていることばに——を引き、矢印でつなぎましょう。

① すずしい 風が、ふいている。

② 空に、美しい にじが、かかる。

③ かわいい 赤ちゃんが、すやすや ねむっている。

2 次の文の述語□をくわしくしていることばに——を引き、矢印でつなぎましょう。

① わたしは、いっしょうけんめい 走った。

② たくさんの はとが、いっせいに 飛び立った。

③ さくらの 花びらが、ひらひらと 散る。

文の組み立て 3

月　日
名前

次の文の主語□と、述語《じゅつご》□をくわしくしていることばに——を引き、矢印でつなぎましょう。

① 赤い　金魚は、すいすい　泳ぐ。

② 小さな　男の子は、にっこりと　笑った。

③ 大きな　かぶが、畑いっぱいに　育った。

④ 白い　雪が、ちらちらと　ふり始めた。

⑤ 時計の　ふりこは、ゆっくり　ふれ続けた。

⑥ たんぽぽの　わた毛が、ふわふわ　飛ぶ。

⑦ どこまでも　青い　空が、続く。

文の組み立て４

月　日
名前

例

(1) バラの 花が、きれいに さいた。

(2) バラの 花が、三本 きれいに さいた。

右の(2)の文は、(1)の文をさらにわかりやすくしています。

次の文の主語□と、述語《じゅつご》□をくわしくしていることばに——を引き、矢印でつなぎましょう。

① 青々とした 高い 山が、美しく かがやく。

② 白い 雪が、すっぽりと 村を おおう。

③ 畑の いちごが、赤く あまく 育った。

④ 小さな 馬は、とつぜん 森に かけ出した。

⑤ 暑い 夏の 太陽は、ぎらぎら 照りつける。

文の組み立て 5

月　日
名前

ふつう文には、主語と述《じゅつ》語があります。しかし、前後の文の関係やその場のようすから、主語や述語を省くことがあります。

例
「あなたのお父さんは、何才ですか。」
「(父は) 四十才です。」
省くことがある

1 次の文は、どんなことばが省かれていますか。[　]から選んで、（　）に記号で書きましょう。

① あなたの名前は（　　）。
② はい。（　　）四年生です。
③ ぼくは、山へ行く。君は（　　）。
④ （　　）来られました。

㋐ どこへ行くの
㋑ 何ですか
㋒ わたしは
㋓ 先生が

主語と述語の位置を、ふつうの位置と入れかえて書く文があります。

例
犬が、走るよ。
↓
走るよ、犬が。

「走るよ」ということばを強調して、聞き手に伝えます。

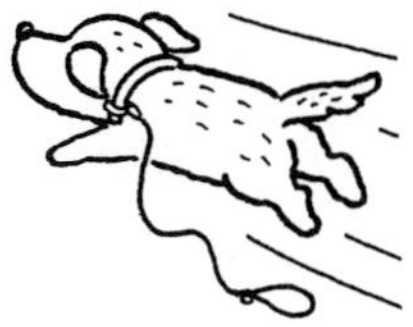

2 次の文を、主語と述語を入れかえて、ふつうの文に直しましょう。

① あなただったのですか、これをくれたのは。
（　　　　　　　　　　　　）
② 本当に出てきたのです、金色にかがやくたから物が。
（　　　　　　　　　　　　）

文の組み立て 6

月　日　名前

1　次の文を、㋐主語、㋑述語《じゅつご》、㋒くわしくすることばの三つに分けて、——の右に記号を書きましょう。

① 青い　海が、　静かに　広がっている。

② ぼくは、　いよいよ　あすから　五年生です。

③ となりの　町は、　すぐ　近くです。

④ 春の　日差しは、　ぽかぽかと　あたたかい。

2　次の——のことばは、どのことばをくわしくしていますか。そのことばを□でかこみ、矢印でつなぎましょう。

① 少女は、　赤い　おしゃれな　服を　着ていた。

② 黒い　犬が、　とつぜん　けたたましく　鳴いた。

③ 木の実は、　一こずつ　大きな　木から　落ちた。

④ 真夏の　太陽は、　ぎらぎらと　照りつける。

文の組み立て 7

月　日
名前

文は、次のような部分に分けることができます。
㋐ いつ
㋑ どこで（どこへ、どこに、どこの）
㋒ だれが（何が）
㋓ だれと（何と）、だれを（何を）、だれに（何に）
㋔ どのように（どれくらい）
㋕ どうする・どんなだ・何だ
などがあります。文によって、少し形を変えるものがあります。

次の文の（　）に、右の㋐～㋕から選んで記号を書きましょう。

① カラスが（　）、種を（　）　ほり出した（　）。

② 学校で（　）、きのう（　）　運動会が（　）　開かれた（　）。

③ けさ（　）、学級園の（　）　朝顔が（　）　三つ（　）　さいた（　）。

④ 日曜日（　）、母と（　）　駅前の（　）　スーパーへ（　）　買い物に（　）　行った（　）。

⑤ 昔むかし（　）、あるところに（　）、
おじいさんとおばあさんが（　）　おりました（　）。

文の種類１

月　日
名前

文の内容《ないよう》を打ち消す形の文があります。

例
ふつうの形　犬が走る。
打ち消しの形　犬が走らない。

1 次の文を、打ち消しの形の文に直しましょう。

① 運動場で、遊ぶ。

運動

② 町へ、買い物に行く。

③ あの花は、美しい。

④ ぼくは、小学四年生だ。

例
ふつうの形　ジュースを飲みます。
打ち消しの形　ジュースを飲みません。

2 次の文を、打ち消しの形の文に直しましょう。

① 話し合いをします。

② 宿題は、すぐできました。

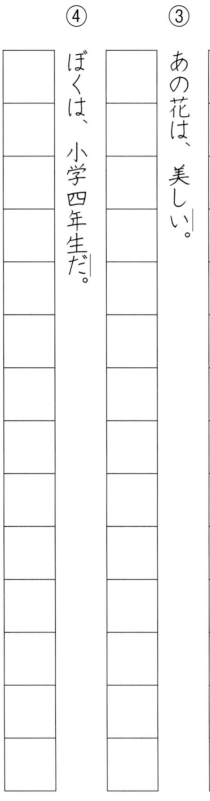

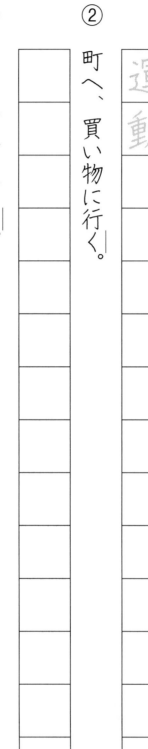

文の種類 2

月　日
名前

文の内容《ないよう》をたずねる形の文があります。

例
ふつうの形　あなたは、りんごが好き。
たずねる形　あなたは、りんごが好きか。

1 次の文を、たずねる形の文に直しましょう。

① あなたは、走るのが速い。

② 君は、ゲームが強い。

③ 給食は、全部食べられる。

例
ふつうの形　あなたは、本を読みます。
たずねる形　あなたは、本を読みますか。

2 次の文を、たずねる形の文に直しましょう。

① その店は、開いています。

② ゆうべは、早くねました。

③ ペンギンは、鳥類です。

文の種類 3

月　日
名前

文の内容《ないよう》を命令する形の文があります。

例

ふつうの形　静かに話を聞く。　ここで泳がない。

命令の形　静かに話を聞け。　ここで泳ぐな。

1 次の文を、命令する形の文に直しましょう。

① 最後まで力いっぱい泳ぐ。

最後

② あぶないから、外ににげる。

③ ろう下を走らない。

ろう

④ 知らない人の車に乗らない。

例

ふつうの形　正しい字を書きます。

命令の形　正しい字を書きなさい。

2 次の文を、命令の形の文に直しましょう。

① 友達を大切にします。

友達

② 図書室に集まります。

文の種類 4

月　日
名前

他の人から聞いた内容《ないよう》を伝える文があります。

例
ふつうの形　あすは、晴れる。
伝え聞いた形　あすは、晴れるそうだ。

1 次の文を、伝え聞いた文に直しましょう。

① 遠足は、五月にある。
遠足
② 赤ちゃんが、生まれた。
③ 夕方には、大雨になる。

例
ふつうの形　あすは、晴れます。
伝え聞いた形　あすは、晴れるそうです。

2 次の文を、伝え聞いた文に直しましょう。

① 来週、テストをします。
来週
② 来年、友は中学生です。
③ あす、初雪がふります。

文の種類 5

月　日　名前

おしはかったことを表す文があります。

例

ふつうの形
幸せになる。

おしはかった形
幸せになるだろう。
幸せになりそうだ。
幸せになるようだ。
幸せになるにちがいない。

1 「次の試合は、勝つ。」の文を、①～だろう、②～そうだ、③～ようだ、④～にちがいない、を使って、おしはかった文に直しましょう。

①

②

③

④

例

ふつうの形
幸せになります。

おしはかった形
幸せになるでしょう。
幸せになりそうです。
幸せになるようです。
幸せになるにちがいありません。

2 「実験は、成功します。」の文を、①～でしょう、②～そうです、③～ようです、④～にちがいありません、を使って、おしはかった文に直しましょう。

①

②

③

④

文の種類 6

月　日
名前

人が話した文を、そのまま文にした「会話文」があります。会話文は「　」を使って表します。会話文の中には、友達をさそう文や返事やかけ声の文、またあいさつの文などもあります。

例

㋐ さそいかける文　「いっしょに遊ぼうよ。」

㋑ 返事・かけ声の文　「はい。わかりました。」「ほら。」

㋒ あいさつ文　「おはようございます。」

次の文は、右の㋐～㋒のどれですか。（　）に記号を書きましょう。

① 「起立、礼、着席。」（　）

② 「ねえ、何か食べに行こうよ。」（　）

③ 「こんにちは。」（　）

④ 「いっしょに学校へ行きましょう。」（　）

⑤ 「はい、そうです。」（　）

⑥ 「さようなら。」（　）

⑦ 「どっこいしょ。」（　）

⑧ 「おやすみなさい。」（　）

こそあどことば １

月　日

名前

次の文のこそあどことばの指すものを書きましょう。

① この水は、飲めません。

② あの島は、何という島ですか。

③ おかが見えるね。あそこまで走ろう。

④ これは、本ですか、ノートですか。

か

⑤ 北国は、雪が多い。そこでは、スキーが大はやりだ。

⑥ あなたの前にノートがありますね。それを取ってください。

⑦ 山ちょうの近くに山小屋が見えた。男は、そちらへ向かった。

⑧ がんの群れは、北に飛んで行ったまま、そこから帰らなかった。

⑨ そばとうどんがあります。どちらを注文しますか。

か

⑩ かぎをかけた。こうすれば、安心だ。

れば

こそあどことば 2

月　日
名前

1 「こそあどことば」の表です。あいているところに書きましょう。

	人や物	場所	方向	ようす	指しめす
話し手に近い	これ				この
聞き手に近い		そこ			
どちらにも遠い			あちら		
はっきりわからない				どんな どう	

2 次の□に合うことばを［ ］から選んで書きましょう。

① ここにある□材料で作るのだよ。

② 向こうに見える□山へ行こう。

③ □本を買えばいいのかな。まようなあ。

④ ほら、あなたのそばの□本を取ってください。

［ この　あの　その　どの ］

つなぎことば 1

月　日
名前

1 「つなぎことば」の表です。表に合うことばを[ ]から選んで書きましょう。

つづきを表す	くいちがっていることを表す	結果を表す	理由を表す	あれか、これかのどちらかを表す

そして　すると　あるいは　それとも　けれども
しかし　なぜなら　というのは　それで　だから

2 次の□に合うことばを、[ ]から選んで書きましょう。

① 雨がふった。□□□ 遠足は中止になった。

② 雨があがった。□□□ 運動会は中止になった。

③ ドアをたたいた。□□□ ドアが中から開いた。

④ あすは、天気かな。□□□□ 雨かな。

⑤ 学校を休んだ。□□□□□ 熱があったからだ。

というのは　しかし　それとも　それで　すると

つなぎことば２

月　日　名前

二つの文を一つの文にするには、どのつなぎことばがよいですか。[ ]から選んで書きましょう。

① きのうは雨がふった。しかし、風はふかなかった。

⇦ きのうは雨がふった□、風はふかなかった。

② きのうは雨がふった。それに風もふいた。

⇦ きのうは雨がふった□、風もふいた。

③ ドアの前に立った。すると、自動的に開いた。

⇦ ドアの前に立つ□、自動的に開いた。

④ 雨がふった。それで、運動会は中止になった。

⇦ 雨がふった□□、運動会は中止になった。

⑤ その人は知っていた。けれど教えようとしなかった。

⇦ その人は知っていた□□、教えようとしなかった。

[し　のに　が　ので　と]

答え

【P.2】

1 ①④⑥⑧⑨⑪⑫

2 ①ピーピー　ポロロン
②カメラ　コーヒー　チョーク　クッキー
③コスモス　ラクダ　ヒヤシンス　カンガルー
④ハワイ　フランス　ピカソ　エジソン

【P.3】

1 バス　ピザ　ベル　ポスト　ゴリラ
スキー　パリン　サーカス　ロケット

2 ①じてんしゃ・すいすい
②ザーザー・かさ
③コアラ・ライオン
④マンション・どんどん

【P.4】

①合う　②帰る　③助ける　④教える
⑤下りる　⑥食べる　⑦向かう　⑧起きる
⑨植える　⑩親しい　⑪回る　⑫使う
⑬止まる　⑭始まる　⑮生まれる　⑯注ぐ
⑰化ける　⑱写す　⑲少ない　⑳晴れる

【P.5】

①決める　②実る　③転ぶ　④当たる
⑤考える　⑥答える　⑦投げる　⑧悲しい
⑨入る　⑩明るい　⑪用いる　⑫落ちる
⑬立てる　⑭話す　⑮流れる　⑯登る
⑰美しい　⑱苦しい　⑲分ける　⑳楽しい

【P.6】

①ア　②ア　③ア　④イ
⑤イ　⑥イ　⑦イ　⑧ア
⑨ア　⑩ア　⑪ア　⑫イ

【P.7】

①ア　②イ　③イ　④ア
⑤ア　⑥ア　⑦ア　⑧ア
⑨ア　⑩イ　⑪ア　⑫ア

【P.8】

1 ①三年三組が走る番だ。
②夜店で金魚すくいをしました。
③ぼくは九才。君は何才ですか。

2 ①あす、友だちと遊びます。
②わたしは、山下由美です。
③雪がふり始めたので、寒くなる。
④たてと横の長さが、等しい四角形を、正方形といいます。

3 ①宿題が終わったら、外で遊びましょう。
②つまり、かめばかむほど、体によいのです。

【P.9】

1 ①「おーい、そこはあぶないよ。」
②「プレゼント、ありがとう。」と、母がうれしそうにわらった。
③「田村さん、後で来てね。」と、先生によびかけられました。
④なんと、犬のペロが、話しはじめたのです。「るみちゃん、悲しそうだね。」⑤
「へえ、こんなに多くの形をした葉っぱがあるんだ。」と、とても感心した。

2 母が、ぼくをよぶ声がした。「お母さん、よんだ。」と、聞いたら、おつかいをたのまれた。

【P.10】

①委員　②川　③記者　④植物
⑤太陽　⑥丸　⑦火事　⑧階
⑨問　⑩合

【P.11】

①食べ始める　②指しめす
③できあがる　④まぜあわせる
⑤見上げる　⑥流れ星
⑦やきそば　⑧細道
⑨かざぐるま　⑩むなびれ

【P.12】

1 ①山登り　②日でり　③雨ふり
④青白い　⑤うすぐらい

2 ①木＋かげ　②うく＋ふくろ
③兄弟＋けんか　④寒い＋空
⑤助ける＋合う

【P.13】

1 ①小雨《こさめ》　②酒屋《さかや》　③旅客《りょかく》　④雨戸《あまど》

2 ①山山《やまやま》　②赤赤《あかあか》　③切切《せつせつ》　④青青《あおあお》
⑤なくなく　⑥じろじろ
（①山々②赤々③切々④青々と書くこともあります。）

3 ①ゴム→消しゴム　②館→図書館

【P.14】

①イ　②ウ　③イ　④イ　⑤ア

【P.15】

①イ　②ウ　③ウ　④ウ　⑤ウ

【P.16】

1 ①ぐいぐい　②きょとんと　③とっさに

④ しっかり　⑤ ぜんぜん

② ① やがて　② もしも　③ とうとう
④ さっそく　⑤ それなら

【P.17】
① ①—㋒　②—㋐　③—㋑
② ①—㋐　②—㋔　③—㋑　④—㋒　⑤—㋓

【P.18】
① ㋐　② ㋑　③ ㋑　④ ㋒　⑤ ㋒

【P.19】
① ㋐　② ㋐　③ ㋑　④ ㋐　⑤ ㋑

【P.20】
(1) ① ぬいて　② ぬかない　③ ぬいた
④ ぬかした　⑤ ぬかして
(2) ① 食われるか　② 食った　③ 食われて
④ 食って　⑤ 食わずの

【P.21】
① （れい）姉のプリンを食べてしまったけれど、知らん顔をしていた。
② （れい）思いきりつくえに頭をぶつけて、大きなたんこぶをつくった。
③ （れい）シェフは、えりすぐりの牛肉を使ってりょう理を作った。
④ （れい）妹は、テレビを見たくて、わき目もふらずに宿題をした。
⑤ （れい）こっそりからあげを食べたら、お母さんがまゆをひそめた。

【P.22】
1 ① 兄さん　運転手　男の子
② かえる　ラクダ　とんぼ
③ スイカ　トマト　つくし
④ 左の足　右の手　せなか
2 ① ほう石　コップ　さとう
② 野球場　小学校　市役所
③ きのう　あした　きょう
④ 南向き　北北東　真正面

【P.23】
1 ① 木村一男　金たろう　メアリー　ロナルド
② フランス　高田馬場　アルプス　東北地方
2 ① 一本　② 百円　③ 一回
④ 一着　⑤ 四はい　四まい

【P.24】
① 赤い　② 白い　③ すずしい　④ きらいだ
⑤ 大すきな　⑥ いさましい　楽しそうな

【P.25】
① 泳ぐ　② ねる　みがく　③ 行った

④ 出かけた　⑤ 見て　考えて　答えなさい
⑥ 波立つ　乗せた　ゆれて　流された

【P.26】
1 ① 高い　② うれしい　③ 明るい
④ 美しい　⑤ 暑い　⑥ むずかしい
⑦ 深い　⑧ かたい　⑨ 重い
⑩ 長い
2 ① 太陽—月　② 銀—金　③ まずい—うまい
④ 根—葉　⑤ 今—昔

【P.27】
1 ① 来る　② 止まる　③ すわる　④ かりる
⑤ 生きる　⑥ 答える　⑦ 終える　⑧ ねる
2 ① ㋐ 強い　㋑ 弱い
② ㋐ 下る　㋑ 上る
③ ㋐ 負ける　㋑ 勝つ

【P.28】
1 ①—㋔　②—㋓　③—㋑　④—㋒　⑤—㋐
2 ①—㋒　②—㋔　③—㋓　④—㋐　⑤—㋑
（㋐と㋑が入れかわっていても正解）

【P.29】
1 ① すぐれた　りっぱな
② ぜんぜん　まったく
③ まちがう　あやまる
2 ① 勉強　学習
② 用意　じゅんび
③ 一式　全部

【P.30】
① そして　② だから　③ それとも
④ それでも　⑤ なぜなら

【P.31】
① あるいは　② しかし　③ それで
④ それから　⑤ というのは

【P.32】
① その　② この　③ あの
④ あれ　⑤ どの

【P.33】
① 3　② 4　③ 4
④ 4　⑤ 6　⑥ 6

【P.34】
1 ① ねこが　② 子馬が　③ お母さんは
④ チューリップが　⑤ 父が　⑥ ぼんおどりが
2 ① 姉さんは　② つばめが　③ 日ざしが

【P.35】
1 ① ほえた　② 流れる　③ 青い
④ 高い　⑤ 会社員だ　⑥ こん虫です

2 ① 鳴った ② 美しい ③ 先生だ

【P.36】
1 ① 赤い 花
② 小さい アリ
③ すなおな 心
2 ① 美しく さいた
② 買い物に 行きました
③ 本を 読みました

【P.37】
1 ① 真っ黒な 雲が、大空を おおった。
② しずかな 海が、とつぜん あれだした。
③ 明るい 月が、山道を てらす。
④ かわいい 弟は、ぴかぴかの 一年生だ。
2 ① インコ ② 走り出した ③ ふりむきました

【P.38】
① いつ どこで 何が どうする
② だれは 何に 何を どうした
③ いつ 何が いくつ どうした
④ だれは いつ どこに どうした
⑤ だれは いつ どこで 何を どうする
⑥ いつ だれは どこで 何を どうした

【P.39】
① だれは だれに 何を どうした
② 何が どうした(どうする) 何を どうした
③ だれが だれに 何を どうする
④ 何が 何を どのように どうした
⑤ 何は どのように 何を どうした
⑥ いつ どこで 何が どのように どうする

【P.40】
(1) ① 父のこと ② 新聞を読む
③ 朝 家で
(2) ① 太一のこと ② 兄といっしょに
③ 花火を上げた ④ 海辺で
(3) ① バラがさいた ② けさのこと
③ 花の色について ④ 赤、白、黄色

【P.41】
① 朝から雨が、ふっています。
② かぜをひき、学校を休みました。
③ さくらの花が、美しくさきました。
④ うさぎとかめは、池まできょうそうをしました。
⑤ くじらは、魚ではありません。ほにゅうるいです。

【P.42】
1 ① わたしは、小学三年生だ。
② 四月には、さくらの花がさく。
③ 雨がふってきたので、急いで家に帰った。
④ 秋になった。草原には、赤とんぼがとんでいた。
2 ① わすれた ② 泳がない
③ 中学生です ④ 入りません

【P.43】 (なぞり書きなので答えはありません)

【P.44】 (なぞり書きなので答えはありません)

【P.45】
1 (なぞり書きなので答えはありません)
2 ① Hokkaidô
② Tôkyô-to
③ Yamaguchi《(ti)》-ken
④ Nihon
⑤ Oda Nobunaga
⑥ Kaneko Misuzu

【P.46】
① ㋐ 8 ㋑ 7 ㋒ 3 ㋓ 5
㋔ 1 ㋕ 6 ㋖ 4 ㋗ 2
② ㋐ 2 ㋑ 7 ㋒ 3 ㋓ 5
㋔ 8 ㋕ 4 ㋖ 1 ㋗ 6
③ ㋐ 3 ㋑ 5 ㋒ 8 ㋓ 7
㋔ 1 ㋕ 2 ㋖ 4 ㋗ 6
④ ㋐ 2 ㋑ 4 ㋒ 3 ㋓ 1
⑤ ㋐ 1 ㋑ 2 ㋒ 5 ㋓ 3 ㋔ 4

【P.47】
1 ① 穴 5 ② 禾 5 ③ 癶 5
④ 車 7 ⑤ 竹 6 ⑥ 門 8
2 (1) ① 3 ② 2 ③ 1 ④ 4
(2) ① 3 ② 2 ③ 4 ④ 1
(3) ① 2 ② 1 ③ 4 ④ 3

【P.48】
① 借りる ② 努める ③ 勇ましい
④ 固める ⑤ 働く ⑥ 失う
⑦ 喜ぶ ⑧ 最も ⑨ 周り
⑩ 挙げる ⑪ 必ず ⑫ 初めて
⑬ 欠ける ⑭ 便り ⑮ 量る
⑯ 争う ⑰ 養う ⑱ 連ねる
⑲ 参る ⑳ 冷ます

【P.49】
① 運ぶ ② 委ねる ③ 育む
④ 栄える ⑤ 連なる ⑥ 群がる
⑦ 敗れる ⑧ 加える ⑨ 辺り
⑩ 折れる ⑪ 覚える ⑫ 例える

⑬ 祝う ⑭ 好む ⑮ 放る
⑯ 伝える ⑰ 愛する ⑱ 静けさ
⑲ 半ば ⑳ 競う

【P.50】
① える ② く ③ びる
④ める ⑤ もる ⑥ げる
⑦ う ⑧ う ⑨ める
⑩ じる ⑪ める ⑫ い
⑬ みる ⑭ む ⑮ わる
⑯ まれる ⑰ いる ⑱ ちる
⑲ える ⑳ ける

【P.51】
① づく ② める ③ む
④ たす ⑤ い ⑥ てる
⑦ う ⑧ す ⑨ ぶ
⑩ る ⑪ い ⑫ い

【P.52】
[1] ①—㋓ ②—㋑ ③—㋐ ④—㋔ ⑤—㋒
[2] ①—㋒ ②—㋐ ③—㋕ ④—㋑ ⑤—㋓ ⑥—㋔

【P.53】
① 手があく・手をぬく・手をやく（など）
② 足がすくむ・足が出る・足をひっぱる（など）
③ 顔が売れる・顔がきく・顔が広い（など）
④ 首を長くする・首をかしげる・首をつっこむ（など）
⑤ 目がきく・目がくらむ・目が高い（など）
⑥ 耳がいたい・耳をすます・耳が早い（など）

【P.54】
① ㋐ ② ㋑ ③ ㋐ ④ ㋐ ⑤ ㋑
⑥ ㋐ ⑦ ㋐ ⑧ ㋐ ⑨ ㋑ ⑩ ㋑

【P.55】
① ㋐ ② ㋑ ③ ㋒
④ ㋑ ⑤ ㋐ ⑥ ㋒

【P.56】
① 都合がよいこと。べんりなこと。
② えること。広いはんいに行きわたること。
③ 悪いところを直して、まったく新しくすること。
④ それい上の人がいないほどすぐれていること。
⑤ 苦ろうすることをいやがらずど力すること。

【P.57】
① ㋑ ② ㋑ ③ ㋐
④ ㋑ ⑤ ㋑ ⑥ ㋑

【P.58】
[1] ① ㋒ ② ㋐ ③ ㋓ ④ ㋑
⑤ ㋔ ⑥ ㋖ ⑦ ㋕
[2] ①—㋑ ②—㋐

【P.59】
[1] ①—㋑ ②—㋒ ③—㋓ ④—㋐
[2] ① ㋑ ② ㋔ ③ ㋐ ④ ㋒ ⑤ ㋓

【P.60】
[1] ② ④ ⑤ ⑦ ⑩
[2] ① ㋐ ② ㋑ ③ ㋒ ④ ㋐ ⑤ ㋑
⑥ ㋐ ⑦ ㋐ ⑧ ㋒ ⑨ ㋐ ⑩ ㋐

【P.61】
[1] ①—焼いた。 ②—ふくことです。
③—温まった。 ④—います。 ⑤—ありません。
[2] ① 完成した ② 勉強した
③ びっくりした ④ 反省した ⑤ 運転した

【P.62】
[1] ① 笑った ② 食べよう ③ 信じます
④ 折っては ⑤ 晴れたら 行ける
[2] ① した して した しよう
② ある あった あれば

【P.63】
① 登る ② さがす ③ 走る
④ 行く ⑤ 歩く ⑥ 見る
⑦ する ⑧ さく ⑨ 起きる

【P.64】
[1] ② ④ ⑤ ⑦ ⑧
[2] ① きれいな ② 小さい ③ うれしい
④ 楽しそうな ⑤ きらいな

【P.65】
[1] ① 赤かろう 赤かった 赤くなる 赤いとき
赤ければ
② 明るかろう 明るかった 明るくなる
明るいとき 明るければ
[2] ① 強まる 強める 強がる
② 広まる 広める 広がる
③ 深まる 深める
④ うれしがる ⑤ ふしぎがる

【P.66】
いよいよ ドキドキ なかなか とても きっと
たくさん ずいぶん 思いっきり

【P.67】
[1] ① ぼく わたし ② きみ あなた
③ かれ かの女 ④ だれ どなた
[2] 朝 気持ち わたし 一日 君 友達 かれ 日

【P.68】
[1] ① 流れ ② 上り ③ 急ぎ ④ 集まり
⑤ 美しさ ⑥ 大きさ ⑦ ゆたかさ ⑧ のんきさ
[2] ① 町調べ ② 小走り ③ 深追い

④ 土石流　⑤ ゆう便受け　⑥ へそ曲がり

【P.69】

① よ　② な　③ よ　④ よ
⑤ よ　⑥ な　⑦ う　⑧ な
⑨ よ　⑩ よ　⑪ う　⑫ よ
⑬ な　⑭ な　⑮ な　⑯ う
⑰ よ　⑱ う　⑲ う　⑳ よ

【P.70】

① ㋑　② ㋓　③ ㋐　④ ㋐　⑤ ㋑
⑥ ㋑　⑦ ㋐　⑧ ㋓　⑨ ㋒　⑩ ㋓

【P.71】

1 ① ㋓　② ㋑　③ ㋐　④ ㋔
⑤ ㋒　⑥ ㋔　⑦ ㋑　⑧ ㋐

2 ① こら　② さあ　③ はい　④ まあ　⑤ では

【P.72】

1 ① が　② を　③ に　④ で
⑤ と　⑥ へ　⑦ の　⑧ まで
⑨ より　⑩ から

2 ① も　も　も　② だって　③ しか
④ だけに　⑤ こそ

【P.73】

① 子犬が　生まれた　② 親子は　出ました
③ 父と母が　来ます　④ いちょうが　植えられた
⑤ 花は　チューリップだ　⑥ 店員は　帰りました
⑦ 星が　かがやく　⑧ かには　かくれた

【P.74】

1 ① すずしい　風が、ふいている。
② 空に、美しい　にじが、かかる。
③ かわいい　赤ちゃんが、すやすや　ねむっている。

2 ① わたしは、いっしょうけんめい　走った。
② たくさんの　はとが、いっせいに　飛び立った。
③ さくらの　花びらが、ひらひらと　散る。

【P.75】

① 赤い　金魚は、すいすい　泳ぐ。
② 小さな　男の子は、にっこりと　笑った。
③ 大きな　かぶが、畑いっぱいに　育った。
④ 白い　雪が、ちらちらと　ふり始めた。
⑤ 時計の　ふりこは、ゆっくり　ふれ続けた。
⑥ たんぽぽの　わた毛が、ふわふわ　飛ぶ。
⑦ どこまでも　青い　空が、続く。

【P.76】

① 青々とした　高い　山が、美しく　かがやく。
② 白い　雪が、すっぽりと　村を　おおう。
③ 畑の　いちごが、赤く　あまく　育った。
④ 小さな　馬は、とつぜん　森に　かけ出した。
⑤ 暑い　夏の　太陽は、ぎらぎら　照りつける。

【P.77】

1 ① ㋑　② ㋒　③ ㋐　④ ㋓

2 ① これをくれたのは、あなただったのですか。
② 金色にかがやくたから物が、本当に出てきたのです。

【P.78】

1 ① ㋒ ㋐ ㋒ ㋑
青い　海が、静かに　広がっている。
② ㋐ ㋒ ㋒ ㋑
ぼくは、いよいよ　あすから　五年生です。
③ ㋒ ㋐ ㋒ ㋑
となりの　町は、すぐ　近くです。
④ ㋒ ㋐ ㋒ ㋑
春の　日差しは、ぽかぽかと　あたたかい。

2 ① 少女は、赤い　おしゃれな　服を　着ていた。
② 黒い　犬が、とつぜん　けたたましく　鳴いた。
③ 木の実は、一こずつ　大きな　木から　落ちた。
④ 真夏の　太陽は、ぎらぎらと　照りつける。

【P.79】

① ㋒ ㋓ ㋕
② ㋑ ㋐ ㋒ ㋕
③ ㋐ ㋑ ㋒ ㋔ ㋕
④ ㋐ ㋓ ㋑ ㋑ ㋓ ㋕
⑤ ㋐ ㋑ ㋒ ㋕

【P.80】

1 ① 運動場で、遊ばない。
② 町へ、買い物に行かない。
③ あの花は、美しくない。
④ ぼくは、小学四年生ではない。

2 ① 話し合いをしません。
② 宿題は、すぐできませんでした。

【P.81】

1 ① あなたは、走るのが速いか。
② 君は、ゲームが強いか。
③ 給食は、全部食べられるか。

2 ① その店は、開いていますか。
② ゆうべは、早くねましたか。

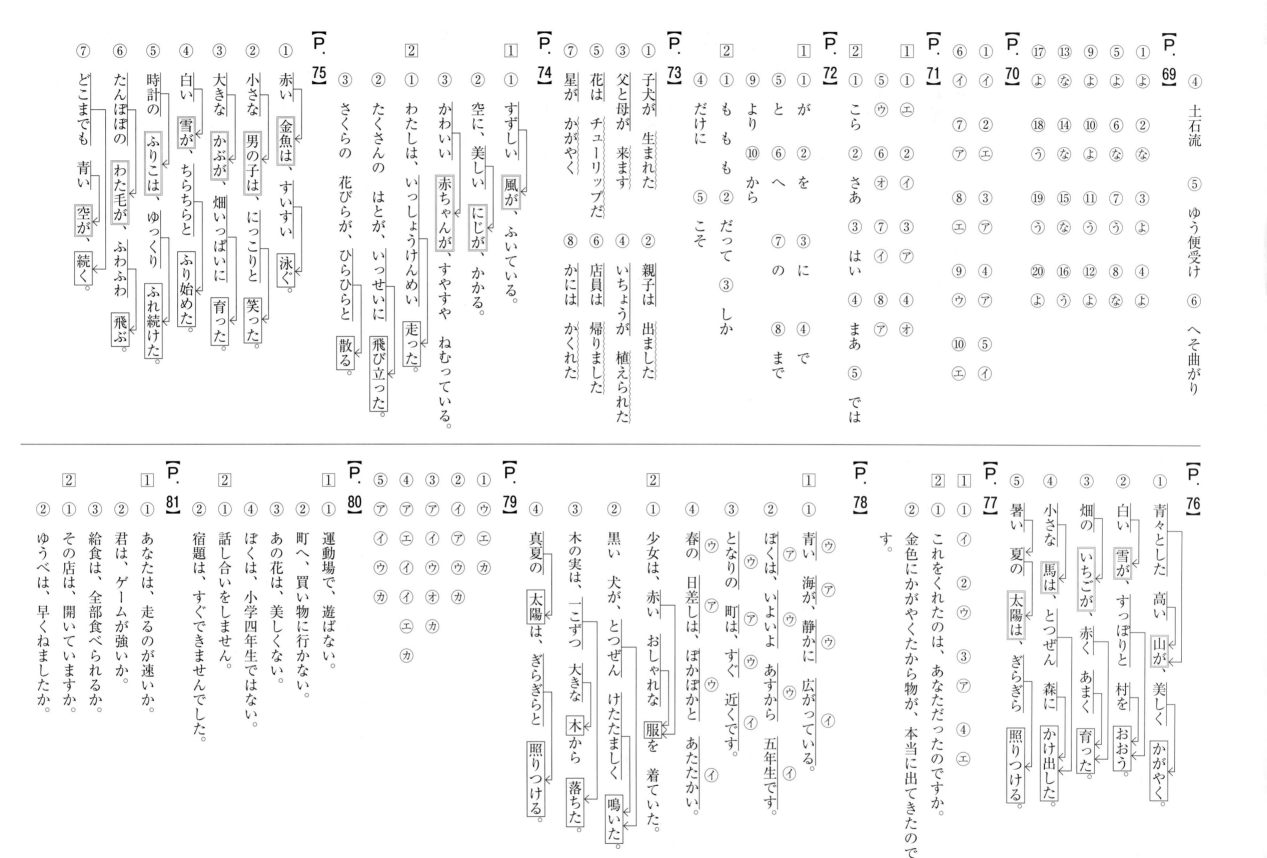

③ ペンギンは、鳥類ですか。

【P.82】

1
① 最後まで力いっぱい泳げ。
② あぶないから、外ににげろ。
③ ろう下を走るな。
④ 知らない人の車に乗るな。

2
① 友達を大切にしなさい。
② 図書室に集まりなさい。

【P.83】

1
① 遠足は、五月にあるそうだ。
② 赤ちゃんが、生まれたそうだ。
③ 夕方には、大雨になるそうだ。

2
① 来週、テストをするそうです。
② 来年、友は中学生だそうです。
③ あす、初雪がふるそうです。

【P.84】

1
① 次の試合は、勝つだろう。
② 次の試合は、勝ちそうだ。
③ 次の試合は、勝つようだ。
④ 次の試合は、勝つにちがいない。

2
① 実験は、成功するでしょう。
② 実験は、成功しそうです。
③ 実験は、成功するようです。
④ 実験は、成功するにちがいありません。

【P.85】

① ㋑ ② ㋐ ③ ㋒ ④ ㋐
⑤ ㋑ ⑥ ㋒ ⑦ ㋑ ⑧ ㋒

【P.86】

① 水 ② 島 ③ おか ④ 本かノート
⑤ 北国 ⑥ ノート ⑦ 山小屋 ⑧ 北
⑨ そばかうどん ⑩ かぎをかければ

【P.87】

1

	人や物	場所	方向	ようす	指しめす
話し手に近い	これ	ここ	こちら	こんな こう	この
聞き手に近い	それ	そこ	そちら	そんな そう	その
どちらにも遠い	あれ	あそこ	あちら	あんな ああ	あの
はっきりわからない	どれ	どこ	どちら	どんな どう	どの

2
① この ② あの ③ どの ④ その

【P.88】

1

つづきを表す	そして	それで
くいちがっていることを表す	けれども	しかし
結果を表す	すると	だから
理由を表す	なぜなら	というのは
あれか、これかのどちらかを表す	あるいは	それとも

2
① それで ② しかし ③ すると
④ それとも ⑤ というのは

【P.89】

① が ② し ③ と ④ ので ⑤ のに

ことばの習熟プリント　小学3・4年生　大判サイズ

2021年７月30日　発行

著　者　細川　元子

発行者　面屋　洋

企　画　フォーラム・A

発行所　清風堂書店

〒530-0057　大阪市北区曽根崎２-11-16

TEL 06-6316-1460／FAX 06-6365-5607

振替　00920-6-119910

制作編集担当　樫内　真名生　□

表紙デザイン　ウエナカデザイン事務所　2122

※乱丁・落丁本はおとりかえいたします。

学力の基礎をきたえどの子も伸ばす研究会

HPアドレス　http://gakuryoku.info/

常任委員長　岸本ひとみ

事務局　〒675-0032 加古川市加古川町備後 178－1－2－102 岸本ひとみ方 ☎・Fax 0794－26－5133

① めざすもの

私たちは、すべての子どもたちが、日本国憲法と子どもの権利条約の精神に基づき、確かな学力の形成を通して豊かな人格の発達が保障され、民主平和の日本の主権者として成長することを願っています。しかし、発達の基盤ともいうべき学力の基礎を鍛えられないまま落ちこぼれている子どもたちが普遍化し、「荒れ」の情況があちこちで出てきています。

私たちは、「見える学力、見えない学力」を共に養うこと、すなわち、基礎の学習をやり遂げさせることと、読書やいろいろな体験を積むことを通して、子どもたちが「自信と誇りとやる気」を持てるようになると考えています。

私たちは、人格の発達が歪められている情況の中で、それを克服し、子どもたちが豊かに成長するような実践に挑戦します。

そのために、つぎのような研究と活動を進めていきます。

①　「読み・書き・計算」を基軸とした学力の基礎をきたえる実践の創造と普及。
②　豊かで確かな学力づくりと子どもを励ます指導と評価の探究。
③　特別な力量や経験がなくても、その気になれば「いつでも・どこでも・だれでも」ができる実践の普及。
④　子どもの発達を軸とした父母・国民・他の民間教育団体との協力、共同。

私たちの実践が、大多数の教職員や父母・国民の方々に支持され、大きな教育運動になるよう地道な努力を継続していきます。

② 会　　員

- 本会の「めざすもの」を認め、会費を納入する人は、会員になることができる。
- 会費は、年 4000 円とし、７月末までに納入すること。①または②

①郵便振替　口座番号　00920－9－319769
名　　称　学力の基礎をきたえどの子も伸ばす研究会

②ゆうちょ銀行
店番 099　店名〇九九《ゼロキュウキュウ》店　当座 0319769

- 特典　研究会をする場合、講師派遣の補助を受けることができる。
  大会参加費の割引を受けることができる。
  学力研ニュース、研究会などの案内を無料で送付してもらうことができる。
  自分の実践を学力研ニュースなどに発表することができる。
  研究の部会を作り、会場費などの補助を受けることができる。
  地域サークルを作り、会場費の補助を受けることができる。

③ 活　　動

全国家庭塾連絡会と協力して以下の活動を行う。

- 全 国 大 会　全国の研究、実践の交流、深化をはかる場とし、年１回開催する。通常、夏に行う。
- 地域別集会　地域の研究、実践の交流、深化をはかる場とし、年１回開催する。
- 合宿研究会　研究、実践をさらに深化するために行う。
- 地域サークル　日常の研究、実践の交流、深化の場であり、本会の基本活動である。可能な限り月１回の月例会を行う。
- 全国キャラバン　地域の要請に基づいて講師派遣をする。

全 国 家 庭 塾 連 絡 会

① めざすもの

私たちは、日本国憲法と子どもの権利条約の精神に基づき、すべての子どもたちが確かな学力と豊かな人格を身につけて、わが国の主権者として成長することを願っています。しかし、わが子も含めて、能力があるにもかかわらず、必要な学力が身につかないままになっている子どもたちがたくさんいることに心を痛めています。

私たちは学力研が追究している教育活動に学びながら、「全国家庭塾連絡会」を結成しました。

この会は、わが子に家庭学習の習慣化を促すことを主な活動内容とする家庭塾運動の交流と普及を目的としています。

私たちの試みが、多くの父母や教職員、市民の方々に支持され、地域に根ざした大きな運動になるよう学力研と連携しながら努力を継続していきます。

② 会　　員

本会の「めざすもの」を認め、会費を納入する人は会員になれる。

会費は年額 1500 円とし（団体加入は年額 3000 円）、７月末までに納入する。

会員は会報や連絡交流会の案内、学力研集会の情報などをもらえる。

事務局　〒564-0041　大阪府吹田市泉町４－29－13　影浦邦子方　☎・Fax 06－6380－0420

郵便振替　口座番号　00900－1－109969　　名称　全国家庭塾連絡会